차례

- 4 머리말
- 6 **제1장 – 진화 이해하기**
- 8 진화는 무엇일까요?
- 10 다양한 생물
- 12 다윈과 월리스
- 14 진화 이론
- 16 유전자에 다 있어요
- 18 새로운 생물 종
- 20 멸종
- 22 진화의 유형
- 24 닮았어요

- 26 **제2장 – 생물의 변천**
- 28 지구의 역사
- 30 화석 기록
- 32 생물체는 어떻게 생겨났을까요?
- 34 바다 밖으로
- 36 공룡시대
- 38 포유류의 등장
- 40 인간이 나타났어요!
- 42 루시

- 44 **제3장 – 가계도**
- 46 커다란 한 가족
- 48 공통되는 특징 : 손
- 50 다윈의 낙서
- 52 뭐가 뭐지?

54	**제4장 – 진화 작용**	74	조류
56	눈의 진화	75	포유류
58	하늘로	76	용어 해설
60	식물과 꽃가루받이	78	찾아보기
62	우리의 가장 좋은 친구		
64	우리의 놀라운 두뇌		
66	우리는 지금 진화하고 있을까요?		

68	**신기한 진화 – 알아 두면 유익한 사실들**
70	미생물 / 식물
71	균류 / 무척추동물
72	어류
73	양서류 / 파충류

머리말

우리는 모든 게 변하는 세상에서 살고 있어요. 바위가 조금씩 금이 가 부서져서 모래가 돼요. 절벽, 계곡, 해변의 모양도 바뀌죠. 행성도, 별도 움직이고 변화한답니다.

무엇보다도 생물은 그중에서도 가장 빠르게 변화하고 있어요. 계절에 따라 바뀌기도 하고, 태어나서, 자라고, 늙고 죽으니까요. 그리고 자식을 낳고, 자신이 죽고 나면 자식들이 계속 살아가죠. 그리고 그렇게 여러 세대를 지나는 동안 새로운 유형의 생물로 발달해요.

이 과정을 '진화'라고 부르는데, 진화는 매우 중요해요. 진화는 생물을 연구하는 생물학에서 중요한 부분을 차지하고 있어요. 과학자는 진화가 어떻게 작동하는지를 19세기에야 알아냈어요. 아직 200년도 안 됐죠. 더 많이 알아내려고 지금도 많은 과학자가 진화를 연구하고 있답니다.

- 오늘날 지구상에 있는 모든 생물이 어떻게 존재하게 됐는지는 진화로 설명돼요.
- 생물의 유형 즉 생물 종이 그렇게나 많은 이유도 진화 때문이에요.

- 생물이 환경에 그렇게나 잘 적응한 것처럼 보이는 것도 진화 때문이에요.
- 지금은 존재하지 않는 공룡 같은 동물이 과거에 많이 있었던 이유도 진화로 설명돼요.
- 우리 인간도 진화 덕분에 생겨났어요. 그리고 다른 생물과 마찬가지로 지금도 진화하고 있죠.

진화는 항상 일어나고 있는 놀라운 작용이에요. 이 책에서는 진화가 무엇인지, 어떻게 작동하는지, 그 비밀을 누가 알아냈는지 살펴보기로 해요.
수십억 년이 지나는 동안 생물이 어떻게 변화하고, 어떻게 이렇게나 다양한 형태로 가지 쳐 나왔는지 알아보고, 또 우리 인간이 모든 생물과 어떻게 친척 관계가 되는지를 알아보아요. 유인원이나 원숭이뿐 아니라 고양이, 개, 물고기, 심지어 바나나까지도요!
진화 덕분에 생겨난 정말로 희한하고 신기한 동물과 신체 특징들을 보게 될 거예요. 그리고 앞으로 진화가 어디를 향하고 있는지도 살펴보기로 해요.

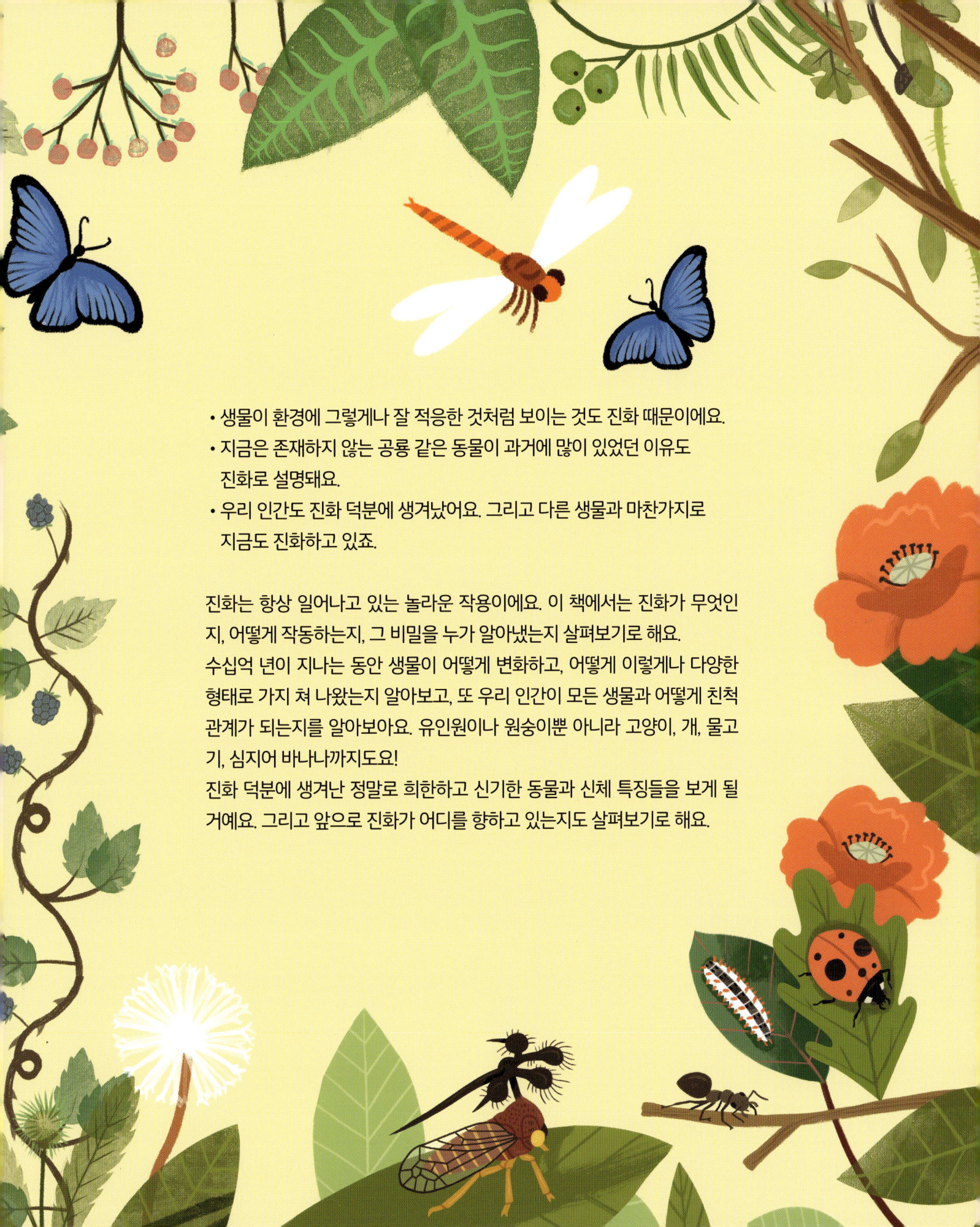

우리 지구는 생물로 넘쳐 난답니다. 플랑크톤, 물고기, 해파리, 고래, 돌고래들이 떼 지어 다니는 깊은 바다에서부터, 대륙을 가로질러 펼쳐지는 드넓은 초원과 숲, 그리고 수많은 인간이 살고 있는 오늘날의 거대 도시에 이르기까지 어디를 가도 생물이 있어요. 그러나 지금부터 40억 년 전으로 돌아간다면 이런 생물은 찾아볼 수 없을 거예요. 그때와 지금 사이에 놀라운 일이 벌어졌어요. 바로, 생물체가 생겨나 여러 가지 모습으로 진화한 거예요.

오래전부터 사람들은 어떻게 이렇게 될 수 있었는지, 왜 이렇게 되었는지 궁금했어요. 그렇지만 제대로 알아낸 사람이 없었어요. 그러다가 19세기가 되어서야 과학자는 생물의 진화가 무엇인지, 그 원인은 무엇이고 어떤 방식으로 작동하는지 이해하기 시작했어요. 그때부터 진화는 과학에서 가장 중요한 주제 중 하나가 되었답니다.

• 진화 이해하기 •

진화는 무엇일까요?

진화는 시간이 가면서 생물이 변해 왔고 지금도 변해 가고 있는 방식이에요. 각각의 생물 유형 즉 생물 종은 진화하여 지금처럼 됐고, 그래서 지구에 이렇게나 신기한 생물이 이렇게나 다양하게 살게 됐어요. 생물 종은 진화 덕분에 변화하고, 갖가지 장소에서 살고, 갖가지 방식으로 먹이를 찾고, 서로 이렇게나 다른 모양이 된 거예요.

돌에 새겨진 이야기

땅에서 파낸 화석에서는 시간이 가면서 생물이 어떻게 변해 왔는지를 볼 수 있어요. 오늘날 잠자리가 있지만, 3억 년 전에는 그보다 훨씬, 훠~얼씬 더 큰 잠자리가 있었어요!

이 거대한 메가네우라 잠자리는 날개 길이가 최대 70센티미터나 됐어요.

공룡은 1억 5천만 년 전에 지구에서 살았어요.
화석이 발견됐기 때문에 이 사실을 알게 됐죠.
지금은 공룡이 없지만, 일부 공룡은 진화하여 오늘날의 새가 됐어요.

우리는 공룡이 새의 조상일 거라고 생각하고 있어요. 일부 공룡은 깃털이 있었고 부리처럼 생긴 입이 있었어요.

• 진화 이해하기 •

하나에서 여럿으로

과학자는 지구상의 생물체는 38억 년 전 딱 한 가지 유형의 단세포생물에서 시작됐다고 생각하고 있어요. 이 최초의 생물체가 조금씩 변화하여 이제까지 지구에서 살았거나 지금 지구에서 살고 있는 수백만 가지의 종이 됐어요. 시간이 지나면서 생물은 변화하고 진화해요. 진화는 절대로 '완성'되는 법이 없어요. 지금도 일어나고 있죠.

- 우리의 진화 -

이 그림에서 최초의 단세포생물이 인간으로 진화해 온 여러 단계를 볼 수 있어요. 진화 단계를 여기에 모두 나타내지는 않았어요. 이제까지 살았거나 지금 살고 있는 생물 종으로 이어지는 수십억 가지의 진화 경로 중 하나만 나타냈을 뿐이에요.

원핵생물
38억 년 전 :
간단한 단세포생물

해면동물
6억 년 전 : 다세포생물
(세포가 둘 이상)

자포동물
5억8천만 년 전 :
움직이며 눈이 있어요.

무악류
5억5백만 년 전 : 척추가 있어요.

포유류
2억1천만 년 전 : 피가 따뜻하고
털이 나고 새끼를 낳아요.

단궁류
3억 년 전 : 육지에서
살고 알을 낳아요.

네발동물
3억9천5백만 년 전 :
네 다리가 있어요.

다위니우스(영장류의 하나)
4천7백만 년 전 : 손을 꽉 쥘 수 있고
눈이 앞쪽을 향해요.

오스트랄로피테쿠스
4백만 년 전 : 두발로 걸어요.

호모 사피엔스
30만~20만 년 전 :
우리와 같은 현대인

· 진화 이해하기 ·

다양한 생물

우리가 알기로 생물이 존재하는 곳은 우리 행성인 지구뿐이에요. 이제까지 우주를 탐사했지만 다른 어디에서도 생물을 찾아내지 못했어요. 다른 세계에서 온 외계인도 만난 적이 없어요. 아직까지 말이에요! 그렇지만 이곳 우리 행성에는 생물이 한 가지만 있는 것도, 몇 가지만 있는 것도 아니에요. 우리 지구에는 생물 종이 수백만 가지나 살고 있답니다.

푸른 나무와 풀과 꽃 피는 식물

날아다니는 새, 박쥐, 곤충

걷고 말하고 영리하고 창의력이 뛰어난 인간

수백만 가지 박테리아

비늘로 뒤덮인 파충류와 털로 뒤덮인 포유류

물고기, 고래, 문어 등 바다 생물이 가득한 바다

• 진화 이해하기 •
완벽한 적응

세계 어디를 가도 생물이 없는 곳은 거의 없어요. 생물은 대개 살고 있는 장소와 그곳의 먹을거리에 기막히게 잘 맞게 적응해 있답니다.

아귀는 바닷속 깊은 곳에서 사는데 그곳은 칠흑같이 어두워요. 머리끝에 불빛을 내는 미끼가 달려 있어서 작은 물고기나 새우가 그걸 보고 다가가죠. 그렇지만 얕고 햇빛이 잘 드는 물에서는 아귀를 볼 수 없어요. 그런 곳에서는 불빛을 내는 미끼가 소용이 없으니까요.

오스트레일리아 남해안 얕은 바다에서는 해마라는 매우 다른 어류가 살고 있어요. 모양과 색이 잎사귀 같아서 산호나 바닷말로 뒤덮인 바위 사이에서 감쪽같이 위장할 수 있어요. 그러나 깊은 바다에서는 이처럼 위장해도 살아남는 데 도움이 되지 않아요. 햇빛이 잘 들지 않아 잎사귀가 있는 식물이 자라지 않거든요.

괴상하고 신기해요

어떤 동물은 생김새가 괴상한데 왜 그런 모양을 하고 있는지 아무도 몰라요. 이 브라질뿔매미가 그렇답니다. 괴상한 헬리콥터 날개처럼 머리 위에 공이 여러 개 달려 있거든요. 무엇에 쓰이는지 아무도 알아내지 못했어요!

어째서 그렇게 됐을까요?

지구 생물이 다양한 이유는 오래전부터 커다란 수수께끼였어요. 과학자는 궁금했어요.

생물은 왜 이렇게 종류가 많을까?

옛날 생물은 왜 지금과는 다를까?

생물은 한 종에서 다른 종으로 바뀌었을까? 어떻게 그렇게 됐을까?

그러다가 19세기 중반에 두 사람이 답을 생각해 냈어요. 찰스 다윈과 앨프리드 러셀 월리스라는 뛰어난 과학자였어요.

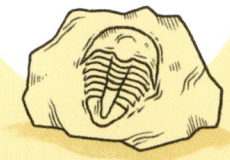

토끼박쥐　　풍뎅이　　삼엽충 화석　　육기어류　　네발동물

• 진화 이해하기 •

다원과 월리스

19세기 초에는 과학이 크게 발전했어요. 전지, 모터, 기차가 발명됐어요. 땅에서 화석과 고대의 유물을 파내기 시작했고, 그래서 옛날에 대해 크게 흥미를 갖게 됐답니다. 과학자는 또 지구가 오랜 세월 어떻게 변화했는지도 알아냈어요.

다윈의 모험

다윈은 영국 슈루즈베리에서 1809년 태어났어요. 아버지는 다윈이 의사가 되기를 바랐지만 다윈은 자연을 가장 좋아했어요. 그래서 야생의 자연을 관찰하고 채집하며 지냈죠. 스물두 살 때 어느 선생님이 추천해 준 덕분에 자연학자로서 영국 해군함 비글호를 타고 5년 동안 세계일주 항해를 시작했어요. 다윈의 일은 야생의 자연을 관찰하고 표본을 채집하는 거였어요. 다윈은 5년 동안 동식물과 화석 수천 종을 연구했어요. 그러다 보니 오랜 세월 동안 생물 종이 어떻게 변화했을까, 새로운 종은 어디서 오는 걸까 생각하게 됐답니다.

다윈은 남아메리카 에콰도르 서쪽 바다에 있는 갈라파고스 제도에서 섬마다 살고 있는 핀치새가 조금씩 다르다는 걸 알게 됐어요. 제각기 다른 방식으로 발달한 것 같아 보인 거예요. 그런데 도대체 어떻게 그렇게 됐을까요?

다윈은 갈라파고스 제도에서 땅거북 중 세계에서 가장 커다란 종을 보았어요.

메리 애닝

화석 발굴로 유명한 메리 애닝은 열두 살이던 1811년부터 중요한 화석을 발굴해 내기 시작했어요. 애닝의 발굴 덕분에 과학자들은 생물에 대해, 또 일부 생물이 과거에 왜 그렇게 다른 모양을 하고 있었는지를 점점 더 생각하게 됐어요. 애닝은 영국 바닷가의 라임레지스에서 살았는데 이곳에서는 지금도 화석이 많이 발견되고 있답니다. 애닝은 평생 화석을 발굴하며 화석 전문가로 살았어요. 화석 발굴 여행 때는 애완견 '트레이'가 따라가서 도왔어요.

2억 년 된 이 수장룡(바다 파충류의 일종) 화석은 메리 애닝이 발견한 가장 중요한 화석의 하나예요.

• 진화 이해하기 •
월리스의 탐험

앨프리드 러셀 월리스는 1823년 영국 웨일스에서 태어났어요. 측량사 겸 교사로 일했지만, 다윈처럼 자연 채집에 열심이었어요. 월리스는 기회를 만들어 아마존 우림지대를 찾아가 동식물 표본을 채집했어요. 그 뒤 동남아시아에서 말레이 제도를 탐험했어요. 그러는 동안 월리스도 다윈처럼 생물 종이 어디서 유래했는지, 어떻게 변화했는지 생각하게 됐답니다. 월리스는 말레이 제도의 여러 섬 사이에 보이지 않는 경계선이 있어서 그 선 양쪽의 종이 서로 달라 보인다는 걸 알아차렸어요. 그것은 수백만 년 전 지구의 땅덩어리가 갈라졌기 때문이었어요. 아시아 종과 오스트레일리아 종이 큰 바다를 사이에 두고 서로 다르게 발달한 거예요. 도대체 세월이 흐르는 동안 어떻게 달라진 걸까요?

월리스 선 동쪽은 나무타기캥거루, 코카투 등 오스트레일리아에서 볼 수 있는 종들이 있었어요.

아시아

월리스 선 서쪽은 호랑이, 코끼리 등 아시아에서 볼 수 있는 종들이 있었어요.

월리스 선

오스트레일리아

뛰어난 사람끼리는 생각도 비슷해요!

다윈은 탐험에서 돌아온 뒤 생물 연구를 계속했어요. 1837년에는 공책에다 이렇게 썼어요. "한 종은 다른 종으로 바뀐다." 1840년 무렵에는 어떻게 이렇게 되는지를 설명하는 이론을 생각해 냈답니다. 다윈은 그 이론에 관한 책을 쓸 계획이었지만, 메모를 적고 증거를 모으느라 오랜 세월을 보냈어요. 1856년에 이르러 다윈과 월리스는 서로 관심사가 비슷하다는 소문을 듣고 편지를 주고받기 시작했어요. 월리스는 1858년 아시아에 가 있을 때 종이 어떻게 바뀌는지를 설명할 방법을 생각해 냈어요. 월리스는 얼른 그것을 적어 영국으로 보냈죠. 다윈과 월리스 모두 똑같은 이론을 생각해 냈어요. 바로 '자연선택'이랍니다.

'자연선택 이론' 하면 대부분 다윈을 생각하지만, 이 이론을 설명하는 논문은 1858년 두 사람이 공동으로 발표했어요.

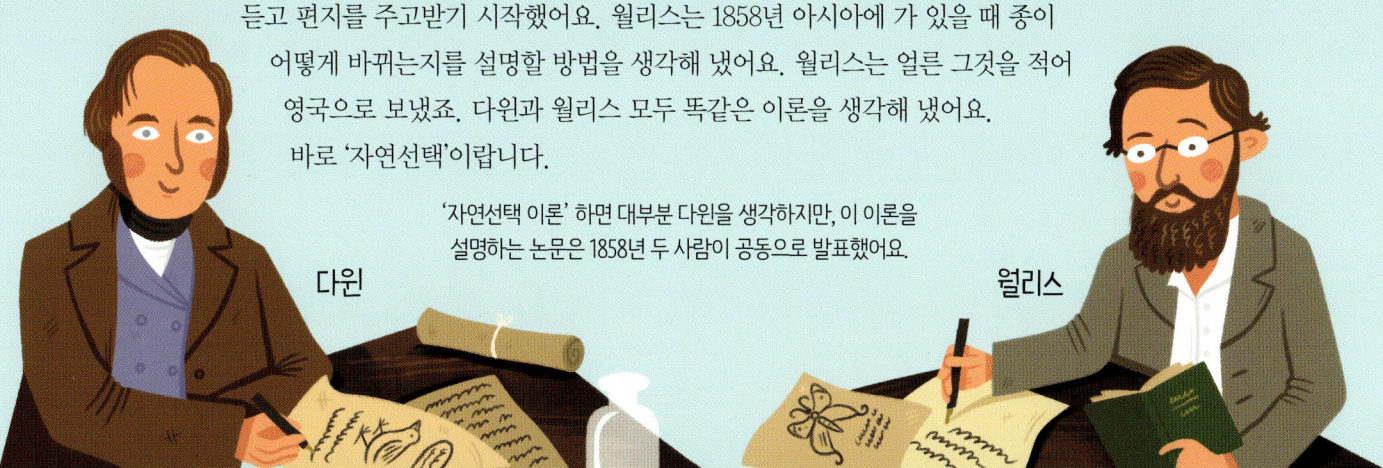

다윈

월리스

• 진화 이해하기 •

진화 이론

다윈과 월리스의 자연선택 이론은 1858년 7월 영국 런던에서 열린 어느 과학 모임에서 세상에 발표됐어요. 그렇지만 그때는 별로 반응이 없었어요. 그러나 한 해 뒤 다윈이 《종의 기원》이라는 책을 내자 크게 화제가 됐어요. 자연선택은 지금도 진화를 설명하는 주요 이론으로 받아들여지고 있답니다. 그런데 과연 무엇이 자연선택일까요? 어두운 숲속에서 사는 도마뱀붙이라는 종을 생각해 봐요.

① 도마뱀붙이는 피부 색깔과 질감이 여러 가지예요.

노란색

갈색

매끈하고 반질반질

거칠고 칙칙

② 도마뱀붙이는 밤에 숲속에서 곤충을 사냥해요. 도마뱀붙이가 곤충을 사냥하는 동안 새나 뱀 같은 포식자들은 도마뱀붙이를 사냥해요. 도마뱀붙이를 사냥할 때는 눈에 잘 띄는 녀석을 찾아 잡는 쪽이 더 쉽죠. 그래서 포식자들은 반질반질한 노란색 도마뱀붙이를 더 많이 잡아요. 달빛에 더 잘 반사되니까요. 색깔이 갈색이거나 거칠고 칙칙한 도마뱀붙이는 곤충을 더 많이 잡아먹어요. 더 잘 숨으니까요.

③ 피부가 거칠고 칙칙하거나 색깔이 갈색인 도마뱀붙이가 더 많이 살아남아요. 더 오래 살면서 새끼를 더 많이 낳죠. 새끼에게 피부 색깔과 질감을 물려주어요.

• 진화 이해하기 •

④ 이것이 자꾸자꾸 되풀이돼요. 세월이 가면서 도마뱀붙이 종은 대부분 피부가 거칠고 칙칙하며 색깔은 갈색이 되죠. 그런데 포식자는 여전히 배가 고파요. 포식자는 여전히 도마뱀붙이를 얼마간 잡아먹죠. 땅바닥에 떨어진 나뭇잎처럼 보이는 녀석은 더 찾아내기가 어려워요. 이런 도마뱀붙이는 더 오래 살고 더 새끼를 많이 낳아요.

⑤ 여러 세대를 지나면서 도마뱀붙이 종은 점점 더 갈색 나뭇잎처럼 보인답니다.

세 부분으로 된 이론

진화가 이런 식으로 작동하려면 세 가지 조건이 필요해요.

① **변이 즉 차이**

같은 종이라 해도 약간씩 차이가 있답니다. 한배에서 태어난 새끼고양이도 무늬가 다르죠. 도마뱀붙이도 제각기 색깔과 질감이 달라요.

② **생존투쟁**

도마뱀붙이가 모두 살아남지는 못해요. 잡아먹히기도 하고 먹이도 부족해지니까요. 자연은 주위 환경에 얼마나 잘 어울리는지에 따라 누가 살아남을지를 선택한답니다.

③ **생식 즉 새끼 낳기**

생물은 모두 생식해요. 자신을 닮은 새끼를 낳거나 어린 식물을 만든다는 뜻이에요. 그러면서 생김새나 색깔 같은 자신의 특징을 자식에게 물려주지요.

• 진화 이해하기 •

유전자에 다 있어요

다윈과 월리스는 진화가 어떻게 작동하는지를 알아냈지만, 그래도 설명할 수 없는 의문이 몇 가지 있었어요. 생물 사이에, 심지어 같은 종 사이에도 차이가 있는 이유는 뭘까? 생물은 자신의 특징을 자식에게 어떻게 물려줄까? 오늘날 우리는 그 이유가 유전자 때문이라는 걸 알고 있어요. 유전자는 생물의 세포 안에 들어 있는 설명서 같은 거예요. 19세기에는 현미경 성능이 떨어져 세포 안을 들여다볼 수 없었어요. 생물이 어떤 방법으로 자신을 닮은 자식을 만드는지 아무도 알지 못했죠. 나중에 가서야 알아낼 수 있었답니다.

유전자는 뭘까요?

생물은 단백질이라는 화학물질로 이루어져 있는데, 유전자는 단백질을 만들 수 있는 설명서예요. 음식 조리법 같은 거죠. 생물은 저마다 많은 유전자를 가지고 있어요. 유전자에 적혀 있는 갖가지 설명에 따라 세포가 자라고, 자신을 닮은 자식을 만들고, 맡은 역할을 해내는 거예요.

각각의 생물 종은 '유전체'를 가지고 있는데, 유전체란 한 생물의 유전자를 포함한 모든 유전 정보를 뜻하는 말로 '게놈'이라고도 해요. 종마다 생김새와 행동이 다른 건 이 유전체(게놈)가 다르기 때문이에요.

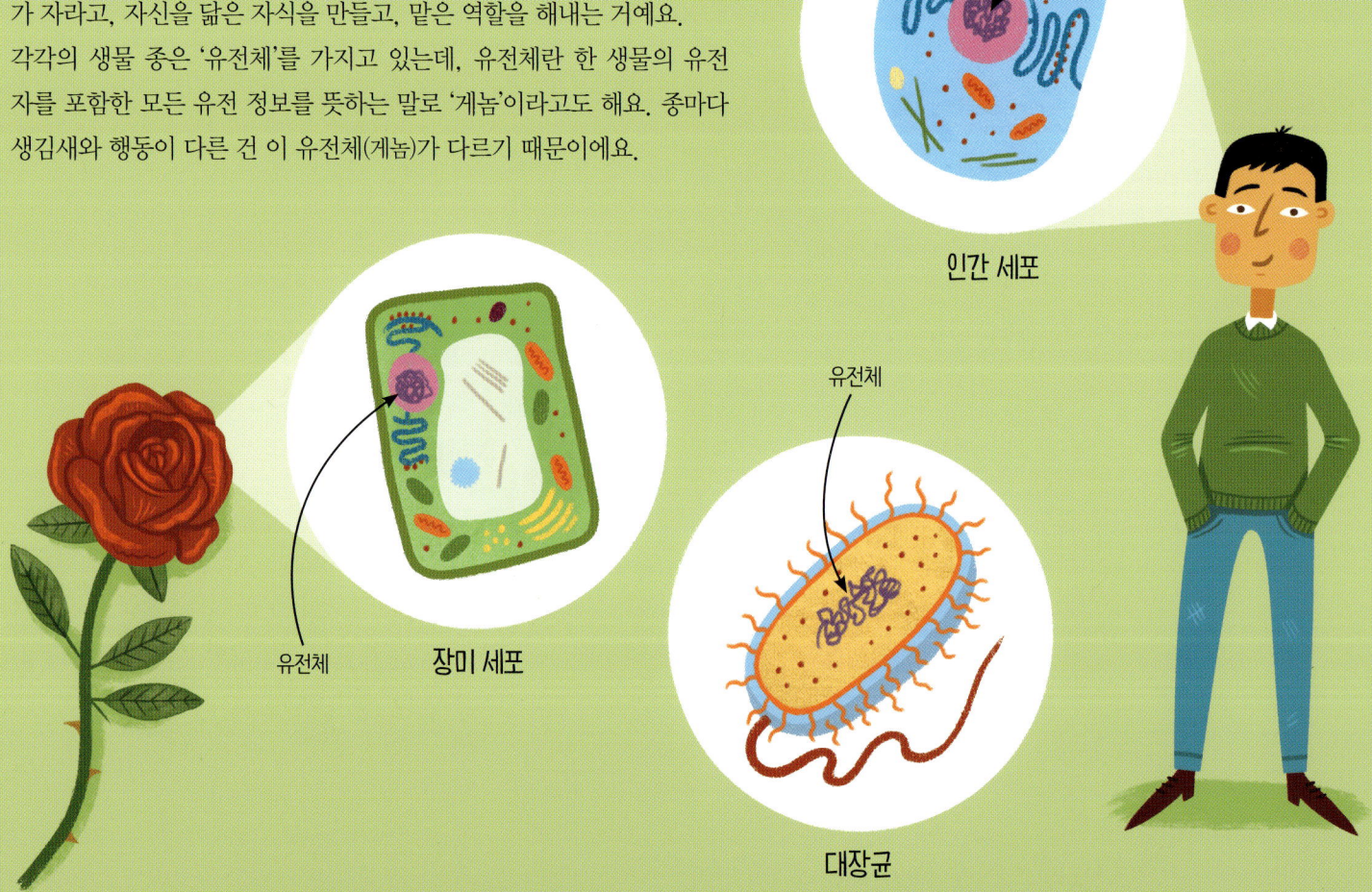

유전체

인간 세포

유전체

장미 세포

유전체

대장균

• 진화 이해하기 •

DNA는 뭘까요?

DNA는 기다란 나선 모양을 한 물질인 '데옥시리보핵산'을 줄인 말이에요. 유전자는 DNA로 이루어져 있답니다. 현미경으로만 볼 수 있는 길고 가느다란 DNA 가닥의 한 부분이 유전자 한 개예요. 유전자 안에는 세포가 단백질을 만드는 방법이 일정한 규칙에 따라 기록돼 있어요.

생물은 자신의 세포를 복제함으로써 자라고 번식해요. 세포가 복제될 때 DNA도 같이 복제돼서 부모의 특징이 자식에게 전달되는 거죠. 그래서 부모 기린의 세포로부터 아기 기린이 생겨나는 거예요. 이 세포 안에는 기린의 유전체가 들어 있는 부모의 DNA가 있어요. 그래서 아기도 기린의 유전체를 갖게 되고, 그래서 기린이 되는 거랍니다!

- 돌연변이 -

DNA가 복제될 때 항상 똑같이 복제되지는 않아요. 복제하다가 실수가 일어나는데 이걸 '돌연변이'라 불러요. 간혹 이 때문에 생물의 모양이나 행동이 달라지기도 해요. 세월이 가고 돌연변이가 점점 더 많이 일어나면서 개체들끼리 달라지게 돼요. 부모가 자식을 낳으면 자식은 두 부모의 유전체를 섞어서 받아요. 같은 부모가 낳은 자식도 (일란성 쌍둥이가 아니라면) 부모의 유전체를 각기 다른 조합으로 섞어서 받아요. 같은 종의 생물이라도 서로 다른 것은 바로 이 때문이랍니다.

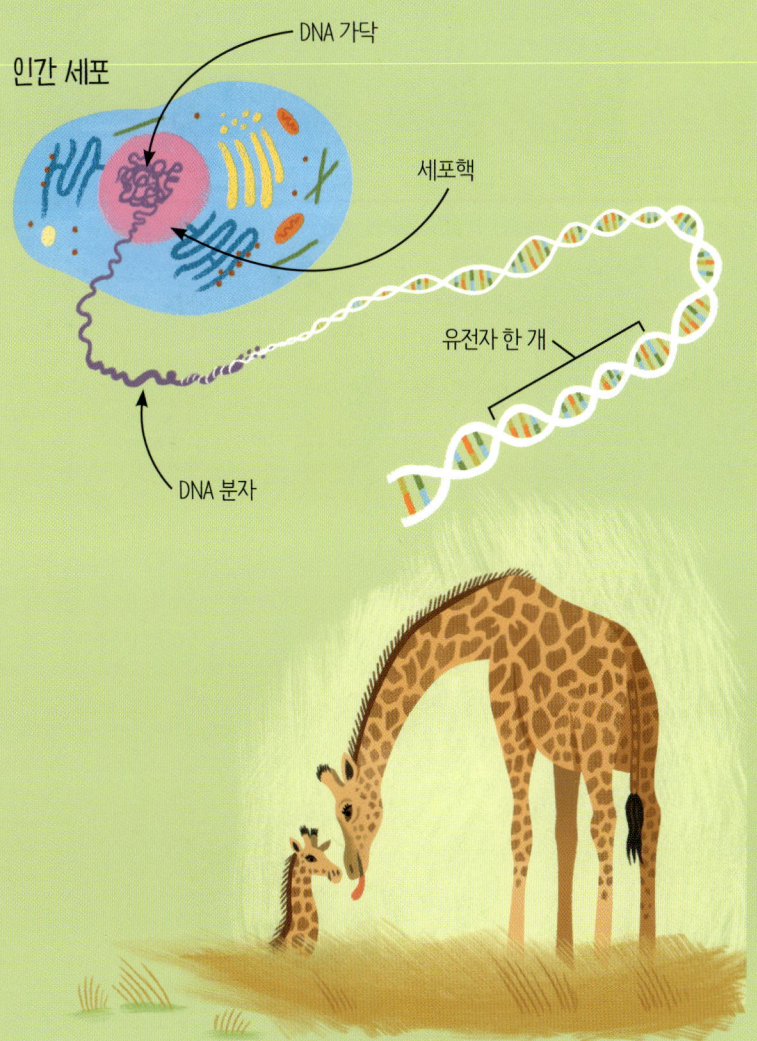

아기 기린의 세포에는 부모의 DNA를 복제한 것이 들어 있어요. 그래서 아기도 기린이 되는 거랍니다.

사람은 생김새와 크기가 제각기 달라요. 부모는 DNA를 섞어 아이들에게 물려주고 돌연변이도 일어나요. 그래서 사람마다 다른 거랍니다.

• 진화 이해하기 •

새로운 생물 종

다윈과 월리스는 모두 새로운 생물 종이 어떻게 생겨날까 너무나 궁금했어요. 그 때문에 다윈은 책을 쓰면서 제목도 《종의 기원》이라고 정했어요. 원래의 생물 종으로부터 어떻게 새로운 종이 가지를 쳐 나올 수 있을까요?

종은 무엇일까요?

종은 생물의 특정 유형이에요. 과학자는 1백90만 종을 찾아내 이름을 붙였는데, 그러고 나서도 늘 새로운 종을 발견하고 있죠. 생물 종은 모두 9백만 가지가 있을 거라고 생각하고 있어요. 종마다 학명이 따로 있어요. 같은 종에 속하는 개체끼리는 서로 짝짓기를 하여 같은 종의 생물을 낳을 수 있어요. 대개 종이 다르면 서로 짝짓기를 하지 않는답니다.

개구리는 거의 5천 종이 있는데, 월리스날개구리는 그중 하나예요.

나무는 6만 종이 넘는데, 마다가스카르의 거대한 바오밥나무도 그 한 가지예요.

포유류는 1만5천 종 정도 있는데, 현대인(호모 사피엔스)은 그중 하나예요.

종일까요, 아닐까요?

어떤 종은 다시 여러 종류로 나뉘는데 그걸 '아종'이라 불러요. 과학자는 한 생물이 정말로 아종인지 아니면 별개의 종인지 판단하지 못하는 때가 있어요. 예컨대 기린의 경우 어떤 과학자는 기린이라는 한 가지 종 안에 아홉 가지 아종이 있다고 해요. 여덟 가지 아종이 있다는 과학자도 있죠. 여섯 가지라든가 … 네 가지라는 과학자도요!

기린

서로 다른 종이 자식을 낳을 수 있을까요?

때로는 서로 다른 두 종이 짝짓기를 하여 자식을 낳기도 하는데 이렇게 낳은 자식은 '잡종'이라고 해요. 사자와 호랑이의 자식은 '라이거'라 불러요. 그렇지만 잡종은 대부분 자식을 낳지 못하고, 그 자신도 건강하지 않은 때가 많답니다.

라이거

• 진화 이해하기 •
새로운 종은 어떻게 생겨날까요?

새로운 종이 발달하는 것을 종의 '분화'라고 해요. 같은 종에 속하는 일부 개체들이 다르게 진화하기 시작할 때 종의 분화가 일어나요. 원래 하나이던 종이 천천히 두 종으로 바뀌는 거죠. 셋 이상으로 분화할 때도 있어요. 미국의 그랜드캐니언은 콜로라도강이 흘러가며 깎아 낸 깊은 골짜기예요. 골짜기가 점점 더 깊어지고 넓어지는 사이에, 원래 같은 종이던 다람쥐가 골짜기 양쪽으로 서로 떨어졌어요. 서로 만나 짝짓기를 못하게 된 거예요. 그래서 서로 다르게 진화했고, 결국 분화하여 서로 다른 종이 됐답니다.

카이밥청설모는 그랜드캐니언 북쪽에서 살아요.

애버트청설모는 그랜드캐니언 남쪽에서 살아요.

- 다윈의 핀치새 -

다윈이 살펴본 핀치새(12쪽)는 분화의 또 다른 사례예요. 남아메리카 본토에서 살던 핀치새 한 종이 갈라파고스 제도로 날아갔어요. 그런데 섬마다 찾아낼 수 있는 먹을거리가 달랐어요. 자연선택 때문에 핀치새는 섬마다 그곳의 먹이를 먹을 수 있도록 다르게 진화했어요. 한 가지 종이 결국 열 가지가 넘는 종으로 갈라졌답니다.

조상 핀치새 종

조상 핀치새 종에서 진화한 핀치새들은 먹이에 따라 부리 모양이 달라졌어요.

새로운 핀치새 종과 먹이

주로 곤충

선인장

싹과 열매

주로 씨앗

• 진화 이해하기 •

멸종

멸종되었다는 것은 그 종이 더 이상 존재하지 않는다는 뜻이에요. 그 종의 개체가 모두 죽고 그래서 더 태어날 수 없는 거죠. 지구상에 생물이 나타난 뒤로 수십억 가지 종이 진화하고 존재하다가 멸종했어요. 실제로 이제까지 살았던 생물 종의 대부분이 지금은 멸종했어요. 그 때문에 지금은 볼 수 없는 동물 화석이 곧잘 발견되는 거랍니다.

암모나이트는 문어의 친척뻘인 바다 동물이에요. 달팽이 같은 껍데기가 있죠. 파라푸조시아 세펜라덴시스라고 불리는 이 암모나이트는 이제까지 발견된 것 중 가장 큰데, 8천5백만 년 전부터 7천1백만 년 전 사이에 살았어요.

멸종의 원인

멸종의 원인에는 여러 가지가 있어요.
- 숲이 불에 타거나 호수가 말라 버리는 등 서식지(생물이 사는 곳)가 없어지면 멸종이 일어날 수 있어요.
- 기후가 더워지거나, 추워지거나, 습해지거나, 건조해지면 일부 종들은 살 수 없어요.
- 먹이가 충분하지 않으면 천천히 멸종에 이를 수 있어요.
- 질병 때문에 종이 다 죽을 수도 있어요.
- 여러 종 사이에 먹이나 장소를 두고 경쟁이 일어나는 때도 많아요. 한 종이 먹이나 장소를 차지하면 다른 종은 천천히 멸종에 이른답니다.
- 다른 생물에게 사냥 당하거나 잡아먹히면 멸종될 수 있어요.

털매머드는 인간의 사냥과 기후 변화 때문에 수천 년 전 멸종했어요. 빙하시대가 끝나고 지구가 따뜻해지자 매머드의 서식지가 없어져 버렸어요.

쿡소니아는 단순한 원시 육상식물이었어요. 다른 식물들이 진화하자 밀려나 멸종했을 거예요.

• 진화 이해하기 •

대량 멸종

때로는 수많은 종이 한꺼번에 소멸하기도 하는데, 이것을 '대량 멸종'이라고 해요. 6천6백만 년 쯤 전에 K-T 대량 멸종 때 생물 종의 80퍼센트 정도가 소멸했답니다. 아마도 커다란 소행성이 지구로 날아와 부딪친 게 원인일 거예요. 지금은 또 다른 대량 멸종이 일어나고 있어요. 이번에는 인간이 지구에 미치는 영향 때문이에요. 사냥과 공해뿐 아니라 도시를 만들고 농사지을 땅을 마련하려고 서식지를 파괴하기 때문에 수많은 생물 종이 멸종 위기에 처해 있답니다.

6천6백만 년 전 – 케이티 대량 멸종 때 공룡 등 수많은 생물 종이 멸종했어요.

2012년 – 에콰도르의 갈라파고스 제도에서 마지막 한 마리 남아 있던 핀타섬땅거북 '외로운 조지'가 죽었답니다. 이 종은 사냥 때문에 멸종했어요.

멸종은 나쁜 걸까요?

오늘날에는 인간 때문에 멸종이 일어나는 때가 많아요. 그래서 우리는 그걸 방지하려고 애쓰고 있죠. 자연보호 운동을 통해 다음과 같은 멸종 위기종을 구하려고 애쓰고 있어요.

콜럼비아양털원숭이, 남아메리카

아키키키, 하와이

라플레시아, 동남아시아

그렇지만 멸종은 진화의 자연스러운 부분이에요. 종은 영원히 지속되지 않아요. 각 생물 종은 평균적으로 5백만~1천만 년 동안만 생존한답니다.

• 진화 이해하기 •

진화의 유형

진화는 주로 자연선택(14쪽)을 통해 일어나요. 그렇지만 그 밖에 다른 방식도 있어요. 성선택, 친족선택, 품종개량, 공진화(함께 진화) 등도 진화가 일어나는 방식이에요.

짝짓기 상대를 선택

일부 동물 종은 생식을 위해 짝짓기 상대를 직접 골라요. 암컷 새는 노래를 가장 잘 부르거나, 짝짓기 춤을 가장 잘 추거나, 깃털이 가장 화려한 수컷 새를 고르기도 해요. 어떤 동물 종은 수컷끼리 서로 싸워 이긴 녀석이 암컷과 짝짓기를 한답니다. 싸우거나 멋있게 보이려는 것은 가장 강하고 건강한 수컷이 짝짓기를 하여 자신의 DNA를 물려줄 수 있다는 뜻이에요. 이것을 '성선택'이라 부르는데, 살아남는 데 도움이 되는 신체적 특징 때문에 선택되는 게 아니라 짝짓기 상대로 선택되기 때문에 그렇게 부른답니다.

윌슨극락조

아시아의 파푸아뉴기니 섬에서 사는 이 두 수컷 극락조는 복잡한 춤을 추며 깃털을 자랑하여 암컷의 관심을 끌어요.

붉은극락조

수컷 코끼리물범은 으르렁대며 서로 몸을 부딪치는 식으로 싸워요. 이기는 수컷은 암컷 여러 마리와 짝짓기를 해요.

하나는 전체를 위해, 전체는 하나를 위해

자연선택에서는 생존에 가장 적합한 개체가 선택되고, 그래서 그런 개체들이 생식해요. 그런데 꿀벌은 어떨까요? 여왕벌만 자식을 낳아요. 일벌은 자기 자신이 아니라 여왕과 군체(집단)가 살아남도록 돕는 일에 자신을 바쳐요. 자연선택에서 생존에 가장 적합한 개체가 아니라 생존에 가장 적합한 군체가 선택되는 거예요. 이것이 '친족선택'이에요. 가족이 선택된다는 뜻이에요.

여왕벌

일벌은 여왕과 집단을 지키기 위해 침을 쏘고 목숨을 바쳐요.

• 진화 이해하기 •

최고를 선택

'품종개량'은 자연선택을 자연 대신 사람이 하는 셈이에요. 농부들은 수천 년 동안 품종개량을 해 왔답니다. 찰스 다윈도 자연선택을 이해하려고 품종개량을 연구했어요.

사람들은 야생의 동식물을 식량으로 삼기 위해 기르기 시작했어요. 열매가 가장 크거나, 가장 순하거나 가장 맛이 좋은 동식물을 고른 다음 그것을 가지고 그 다음 세대를 길러 냈어요. 그런 식으로 여러 세대 동안 계속하자 야생 동식물이 인간에게 더 유익한 동식물로 '진화'했답니다.

야생 당근

오늘날의 당근

거칠고 맛이 쓴 당근 뿌리가 오랜 시간이 지나는 사이에 달고 즙이 많은 당근이 됐어요. 사람들은 가장 크고 즙이 많은 당근에서 얻는 씨앗을 다시 심었어요.

개는 원래 조상이 하나였지만, 그것을 가지고 각기 다른 일을 하도록 4백 가지가 넘는 품종을 길러 냈어요.

셰퍼드 - 경비견

콜리 - 목양견 (양을 모는 개)

시추 - 애완견

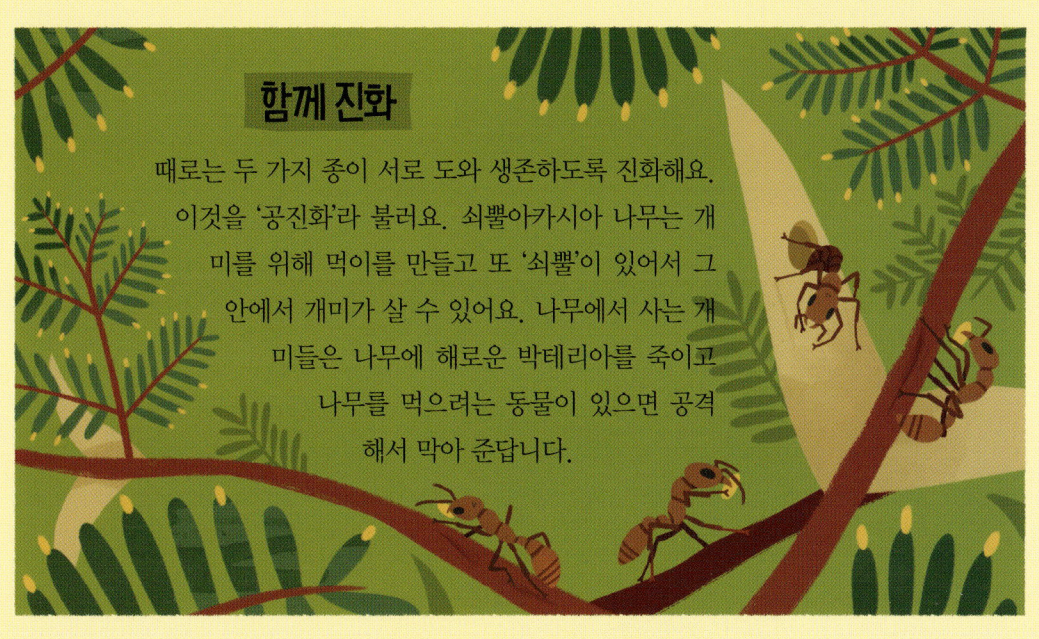

함께 진화

때로는 두 가지 종이 서로 도와 생존하도록 진화해요. 이것을 '공진화'라 불러요. 쇠뿔아카시아 나무는 개미를 위해 먹이를 만들고 또 '쇠뿔'이 있어서 그 안에서 개미가 살 수 있어요. 나무에서 사는 개미들은 나무에 해로운 박테리아를 죽이고 나무를 먹으려는 동물이 있으면 공격해서 막아 준답니다.

• 진화 이해하기 •

닮았어요

때로는 세계의 다른 곳에서 사는 두 가지 종이 서로 가까운 친척 관계가 아닌데도 각기 진화하여 서로 비슷해지기도 한답니다. 과학자는 이것을 '수렴진화'라 불러요. 남부하늘다람쥐와 유대하늘다람쥐의 이야기를 보면 어떻게 그렇게 되는지 알 수 있어요.

같은 서식지, 다른 과

생물은 자신이 사는 환경 즉 서식지에 적응해서 진화해요. 예를 들면 숲속에서 사는 동물은 나무를 잘 타도록 진화하죠. 숲을 비롯하여 어떤 서식지는 세계 여러 곳에서 볼 수 있어요. 어디든 생물은 살아가기 위해 그 서식지에 적응하죠.

그렇지만 생물은 또 사는 곳에 따라 유형이 달라진답니다. 북아메리카의 야생 포유류는 '태반류'예요. 몸속 자궁 안에서 새끼가 자란다는 뜻이에요. 오스트레일리아와 그 근처 일부 섬에서는 매우 다른 종류의 포유류인 '유대류'가 살아요. 유대류는 새끼가 어미의 몸속에서 자라는 게 아니라 어미 배에 있는 주머니(육아낭) 안에서 자란답니다.

쥐나 다람쥐, 비버 같은 설치류는 태반 포유류예요. 북아메리카에서 흔히 볼 수 있어요.

캥거루나 왈라비, 웜뱃은 모두 유대류예요. 유대류는 오스트레일리아에서 볼 수 있어요.

시궁쥐 · 비버 · 웜뱃 · 캥거루

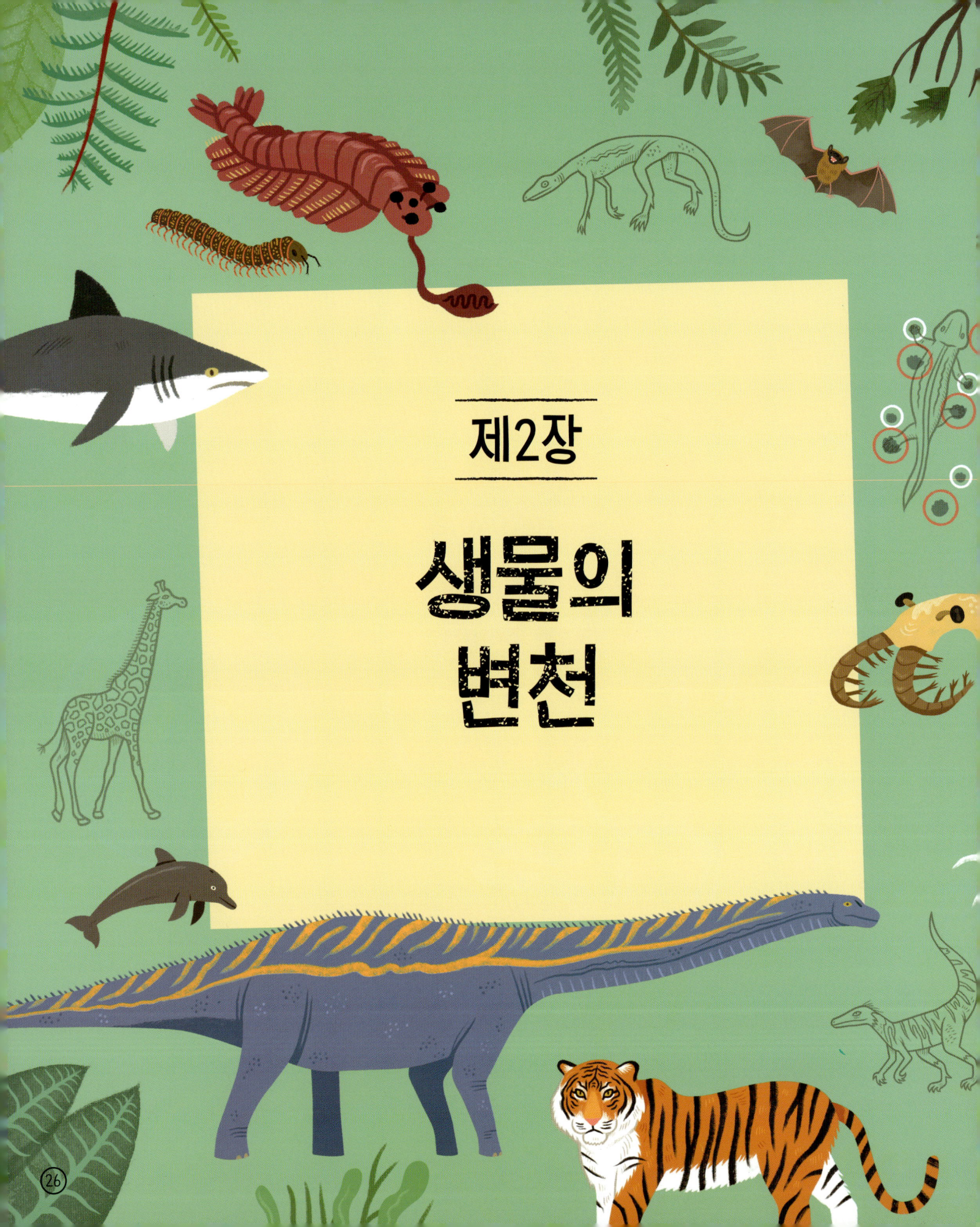

우리는 지난 수천 년 동안의 역사시대에 익숙해져 있어요. '역사'는 일어난 일을 인간이 글로 기록한 거예요. 그러나 암석과 화석과 진화를 연구하는 과학자는 그보다 훨~씬 더 긴 시간인 지구라는 행성의 역사 전체를 다룬답니다. 지구의 역사는 45억 년을 거슬러 올라가는데, 대개는 지질시대라고 불러요. 너무나 긴 시간이라 상상이 잘 가지 않지요. 거기에 비하면 인간이 생겨난 때는 얼마 되지 않으니까요.

지구 역사의 대부분에 걸쳐 생물이 살고 있었어요. 이 장에서는 생물이 처음에 어떻게 생겨나고, 생겨난 다음에는 어떻게 발달하고 진화하여 수많은 생물이 됐는지를 살펴보기로 해요. 처음에는 단세포생물이다가 곤충, 어류, 공룡 같은 육상동물, 하늘을 나는 동물, 그리고 오늘날 우리 현대 인류에 이르기까지 말이에요.

•생물의 변천•
지구의 역사

이 연대표에는 지구의 역사와 생물의 진화가 나타나 있어요. 지구가 처음 생겨난 때부터 오늘날까지 45억 년이라는 긴 시간을 전부 보여 주고 있지요. 과학자는 이 시간의 길이를 이해하기 쉽고 생각하기 쉽도록 여럿으로 나누어 '누대', '대', '기'라는 단위를 붙였어요. 이런 단위조차도 길이가 수백만 년이나 돼요. 현대인이 지구상에 존재한 기간보다 훨씬 더 길죠.

누대	대	기
현생누대	신생대	제4기
		제3기
	중생대	백악기
		쥐라기
		트라이아스기
	고생대	페름기
		석탄기
		데본기
		실루리아기
		오르도비스기
		캄브리아기
원생누대		
시생누대		
명왕누대		

•생물의 변천•

이런 표를 대개 지질연대표라 불러요.
화석이 발견되는 암석의 나이를 가지고
시간을 측정하기 때문이에요.

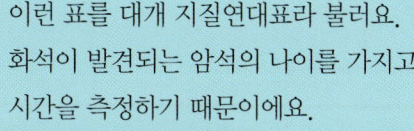

2백50만 년 전~현재	30만~20만 년 전. 현대인의 등장.
6천6백만~2백50만 년 전	포유시대. 우리 조상인 최초의 영장류를 비롯하여 새로운 포유류가 많이 등장.
1억4천5백만~6천6백만 년 전	6천6백만 년 전. K-T 대량 멸종 때 공룡들이 소멸.
1억9천9백만~1억4천5백만 년 전	공룡시대. 최초의 포유류와 조류가 진화.
2억5천1백만~1억9천9백만 년 전	최초의 공룡 등장.
2억9천9백만~2억5천1백만 년 전	2억5천1백만 년 전. 페름기 - 트라이아스기 대량 멸종 때 종의 95퍼센트가 멸종.
3억5천9백만~2억9천9백만 년 전	최초의 파충류.
4억1천6백만~3억5천9백만 년 전	최초의 유시류(날개 달린 곤충)와 양서류.
4억4천3백만~4억1천6백만 년 전	최초의 육상동물.
4억8천8백만~4억4천3백만 년 전	최초의 육상식물.
5억4천2백만~4억8천8백만 년 전	5억4천만 년 전. 새로운 생물이 많이 발달한 캄브리아기 폭발.
25억~5억4천2백만 년 전	최초의 다세포동물.
40억~25억 년 전	38억 년 전쯤. 최초의 단순한 단세포생물 등장.
45억~40억 년 전	생물이 생겨나기 이전 누대. 45억 년 전 지구가 형성된 때부터 최초의 생물이 생겨나기 전까지.

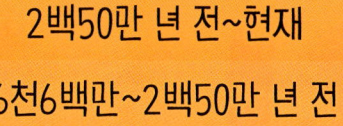

• 생물의 변천 •

생물체는 어떻게 생겨났을까요?

지구가 형성된 뒤로 수억 년 동안 지구에는 생물체가 없었어요. 그때는 화산이 분출하고 소행성이 날아와 부딪쳤기 때문에 지구가 지금보다 훨씬 더 뜨거웠어요. 아무것도 살지 않는 행성에서 어떤 식으로든 생물체가 저절로 생겨났다고 생각하면 참 신기해요. 어떻게 그렇게 됐는지 확실하게 알아낸 사람은 아무도 없지만, 과학자는 여러 이론을 내놓았답니다.

작은 것에서 출발

최초의 생물은 이 남세균과 비슷한 모양이었을 거예요.

최초의 생물은 작디작았던 것이 거의 확실해요. 수많은 세포로 이루어진 나무나 생쥐 같은 생물이 어느 날 불쑥 생겨날 수는 없으니까요. 그러므로 최초의 생물은 오늘날의 박테리아 같은 단세포생물이었을 거예요. 이제까지 발견된 가장 오래된 화석은 38억 년 전 거예요. 이들 화석은 현미경으로나 볼 수 있는 단세포생물들이 모여 납작하거나 바윗덩어리 같은 모양을 이루고 있는데 이것을 '스트로마톨라이트'라 불러요.

- 최초의 세포 -

세포는 모든 생물의 기본 구성단위예요. 세포는 세포막이라는 껍질 안에 여러 가지 분자가 들어 있는 구조예요. 최초의 기본적 세포는 간단한 분자들이 서로 합쳐 함께 반응함으로써 형성됐을 거예요. 그러는 과정에 DNA를 비롯하여 생물에게 필요한 더 복잡한 분자가 만들어졌겠죠. 과학자는 이것이 일어난 장소는 따뜻하고 축축한 곳이었을 거라고 생각하고 있어요. 물이 있으면 화학물질이 옮겨 다니며 서로 섞일 수 있고, 또 열이 있으면 반응하는 데 도움이 되니까요.

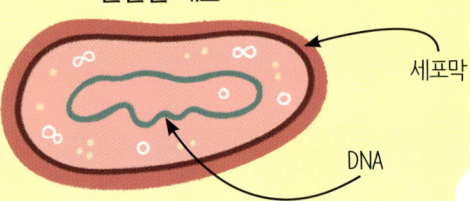

간단한 세포

세포막

DNA

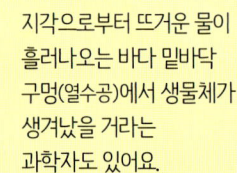

지각으로부터 뜨거운 물이 흘러나오는 바다 밑바닥 구멍(열수공)에서 생물체가 생겨났을 거라는 과학자도 있어요.

화학물질이 모여 농축(농도를 높임)될 수 있는 온천에서 생물체가 생겨났을 거라는 과학자도 있어요.

•생물의 변천•
물속 생물

일단 생물체가 생겨나자 진화가 작용하기 시작하면서 여러 가지 생물 종이 발달할 수 있었어요. 오랫동안 생물은 물에서만 살았고 땅에서는 찾아볼 수 없었어요. 5억 년 전쯤인 캄브리아기 무렵에는 다양한 생물이 바다에서 살고 있었답니다.

아노말로카리스
캄브리아기 때 가장 큰 동물은 아노말로카리스('희한한 새우'라는 뜻)로 알려져 있는데 몸길이가 최고 1미터였어요. 겹눈이 자루 끝에 달려 있었고, 포식자였을 거예요.

해파리
최초의 해파리는 캄브리아기에 살았어요. 오늘날 볼 수 있는 일부 해파리와 모양이 비슷했어요.

오파비니아
아노말로카리스의 친척이지만 더 작은 이 동물은 눈이 다섯 개에다 머리에 기다란 손이 하나 달려 있어서 움켜쥘 수 있었어요.

삼엽충
삼엽충은 거미와 전갈의 친척인 작은 바다 동물이었어요. 크기가 대개 2~10센티미터였어요.

해면
해면은 매우 간단한 동물이어서, 한 군데에 붙어 있으면서 물속에 있는 작디작은 먹이 부스러기를 붙잡아 먹었어요.

할루키게니아
몸길이가 2.5센티미터인 할루키게니아는 작은 벌레로, 가시 14개와 다리 16개가 달린 이상한 모양의 생물이었어요.

바닷말
바닷말은 최초로 생겨난 다세포식물에 속해요.

외계 생물
생물체가 지구에서 생겨난 게 아니라 다른 곳에서 혜성이나 소행성에 실려 우리 지구로 왔을 것으로 보는 이론도 있어요. 그렇다면 우린 모두 외계인인 거죠!

• 생물의 변천 •

바다 밖으로

결국 일부 생물이 땅 위에서 살기 시작했어요. 이때 발 달린 물고기가 바다 밖으로 기어 나왔다고 생각하는 사람이 많아요. 그렇지만 비슷한 일이 일어나기는 했어도, 생물이 처음으로 물 밖으로 나왔을 때의 일은 이것과는 전혀 딴판이었어요.

육지 박테리아

땅 위에서 산 최초의 생물은 박테리아 같은 단세포생물이었을 거예요. 20억 년이나 30억 년 전쯤 물가로 쓸려 올라왔다가 진흙 속이나 바위 위에서 살아남았어요. 그렇지만 꼭 그렇다고 단정할 수는 없답니다. 이만큼이나 오래된 단세포생물 화석은 매우 드무니까요.

식물의 힘

그다음 땅 위로 올라온 건 식물이에요. 4억8천만 년 전에요. 아마도 녹조류나 바닷말이 바닷가에 밀려 올라왔다가 공기 속에서도 살아남도록 진화했을 거예요. 이들이 오늘날의 이끼와 비슷한 원시 육상식물이 됐어요.
식물이 죽어 썩으면서 토양이 만들어졌어요. 식물이 산소를 내놓았기 때문에 동물이 공기로 숨쉬기가 더 쉬워졌어요. 그리고 동물의 먹이가 되어 동물도 땅 위에서 살 수 있게 됐답니다.

곤충의 진격

과학자는 최초의 육상동물은 땅에서 기어 다니는 곤충이나 노래기, 지네처럼 다리가 많이 달린 작은 동물이었을 거라고 생각해요. 이들의 화석은 4억2천만 년 전까지 거슬러 올라간답니다. 이들은 몸통 양쪽에 나 있는 구멍으로 숨을 쉬었는데 이런 구멍을 기문이라고 해요. 곤충과 곤충의 친척들은 지금도 기문이 있어요.

원시 육상식물은 오늘날의 우산이끼처럼 생겼을 거예요. 우산이끼는 바위에 붙어 자라는 작은 식물의 일종이에요.

육상동물 중 가장 오래된 것으로 알려진 프네우모데스무스 네우마니는 길이가 1센티미터밖에 되지 않는 원시 노래기였어요.

땅에서 말라 버리지 않게 하는 외골격 즉 껍데기

숨을 쉬기 위해 몸통 양쪽에 나 있는 기문

• 생물의 변천 •

드디어 발 달린 물고기로

수많은 어류는 물속에 남았지만, 일부는 3억9천5백만 년 전쯤 육상동물로 진화하기 시작했어요. 이들은 다리가 넷 달린 네발동물로 발달했어요. 이 원시 네발동물은 어류와 양서류의 잡종 같았답니다. 그중 일부 네발동물이 물 밖으로 나오기 시작했어요. 아마 먹이를 찾아 나왔겠죠. 네발동물이 나중에 파충류와 포유류로 진화했답니다. 인간도 그중 하나예요.

네발동물의 발자국

바위에 남은 발자국 화석을 보면 네발동물이 땅에서 어떻게 기어 다녔는지 알 수 있어요. 발자국의 주인이 얼마나 큰 동물이었는지도 알 수 있죠.

다리 역할을 한 지느러미

이크티오스테가는 1.5미터 정도 길이의 네발동물이었어요. 주로 물속에서 살았지만 물 밖에서도 얼마간 지냈어요.

발가락의 물갈퀴

물속에서는 아가미로, 물 밖에서는 허파로 호흡했어요.

오늘날의 걸어 다니는 물고기

오늘날 살아 있는 어류 중 지느러미를 발처럼 이용하고 물속뿐 아니라 물 밖에서도 살 수 있는 물고기가 있답니다. 망둥이가 그래요. 나무를 탈 수도 있어요!

• 생물의 변천 •

공룡시대

선사시대 생물 하면 아마 공룡이 생각날 거예요. 화석에서 볼 수 있는 가장 유명한 동물이죠. 그중에는 몸집이 작은 것도 있었지만 어마어마하게 큰 것도 있었고, 그래서 커다란 공룡 뼈를 발견했을 때 사람들은 전설에 나오는 괴물이나 용 뼈인 줄 알았어요.

공룡의 등장

공룡은 네발 달린 어류 같은 네발동물로부터 진화한 생물 중 하나였어요. 친척인 도마뱀과는 달리 공룡은 똑바로 설 수 있는 다리가 발달했기 때문에 땅바닥에 엎드리는 게 아니라 몸통을 위로 올려 세울 수 있었어요.

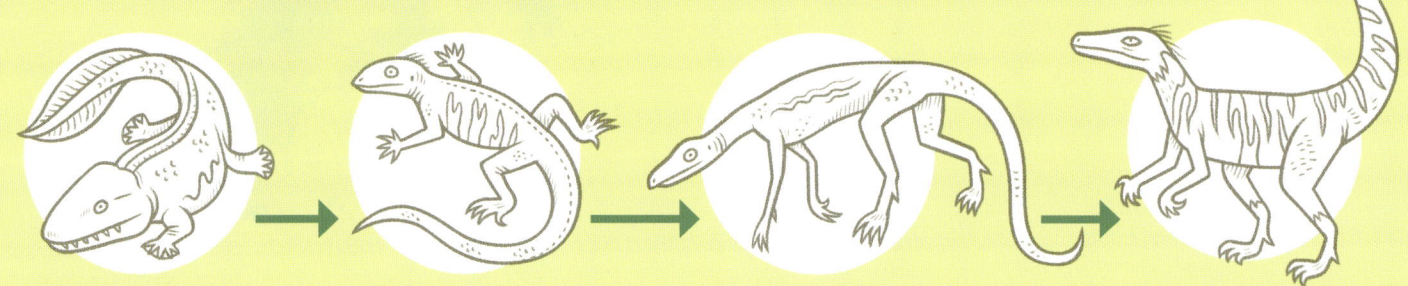

3억6천5백만 년 전
원시 양서류는 어류에서 진화했어요. 이크티오스테가는 꼬리와 아가미는 물고기 같고 네 다리와 머리뼈는 양서류 같았어요.

3억1천만 년 전
어떤 양서류는 도마뱀과 비슷한 파충류로 진화했어요. 알려진 최초의 파충류는 힐로노무스였어요.

2억5천만 년 전
지배파충류라는 파충류로부터 공룡이 진화했어요. 라고수쿠스는 지배파충류였는데 몸집이 닭보다 약간 더 컸어요.

2억3천만 년 전
에오랍토르 같은 최초의 공룡은 2억3천만 년 전쯤 살았어요. 육식공룡인 에오랍토르는 몸집이 작아서 개만 했어요.

시간이 지나면서 공룡이 진화하여 수백 가지 유형으로 분화했어요. 갖가지 신기한 모양을 한 공룡 종이 매우 다양하게 있었답니다.

티라노사우루스 렉스의 거대하고 강력한 턱과 빈약한 팔

수페르사우루스 같은 공룡의 목은 놀라우리만치 길어요.

길이 12미터

스티라코사우루스의 멋진 머리 뿔 장식

공룡이 무슨 색이었는지는 확실히 알 수 없어요. 여기 그린 그림의 색은 대부분 짐작이에요.

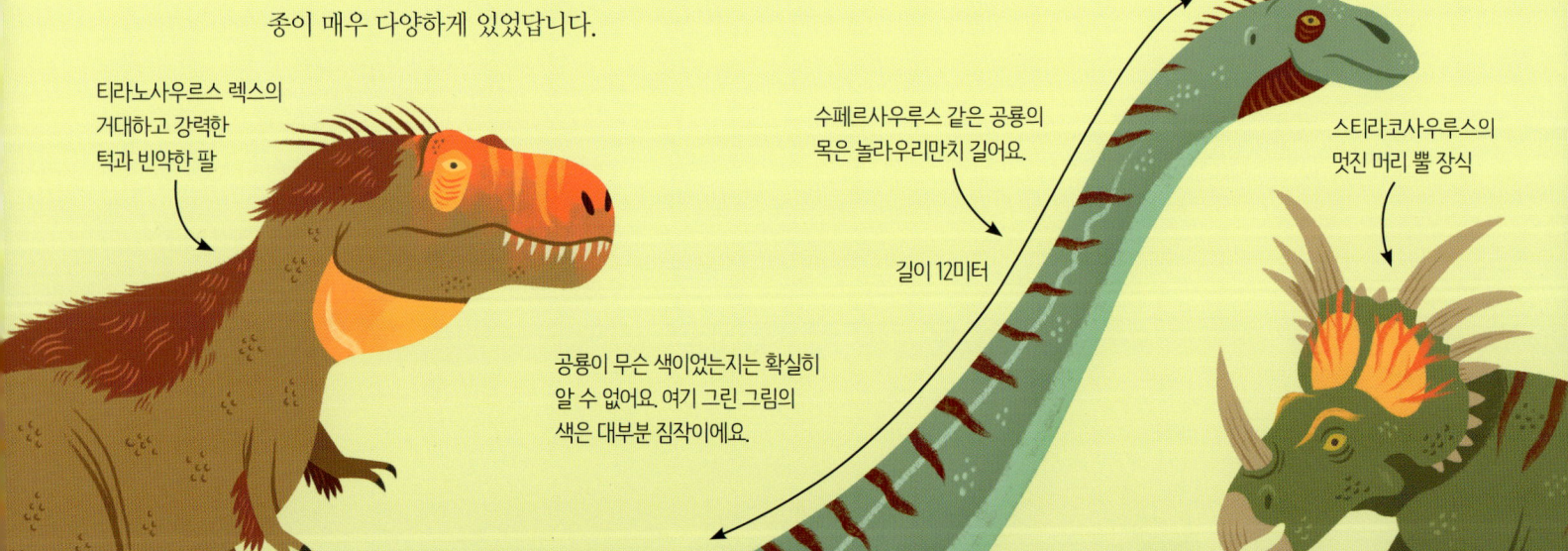

• 생물의 변천 •
공룡시대

공룡은 1억6천만 년 이상 존재했는데, 시기에 따라 여러 가지 다른 종이 진화했다가 소멸했어요. 공룡이 모두 같은 때에 살았던 건 아니에요.

공룡은 왜 그렇게 커졌을까요?

일부 공룡이 그렇게나 커진 데는 여러 가지 이유가 있을 수 있어요. 목이 긴 용각류는 먹이를 씹지 않고 많이 삼킨 다음 소화시키는 능력을 진화시킨 덕분에 점점 더 커졌어요. 목이 길기 때문에 더 많은 먹이에 닿을 수 있었고 몸집이 커서 체온을 유지할 수 있었어요. 용각류가 점점 커질 때 일부 육식공룡 역시 몸집이 커졌고, 그래서 용각류를 사냥해서 먹을 수 있게 됐어요.

파타고티탄은 이제까지 알려진 가장 큰 공룡이자 가장 큰 육상동물이었어요.

파타고티탄 : 몸길이 37미터, 몸무게 70톤

대왕고래 : 몸길이 30미터, 몸무게 180톤

아직까지 대왕고래가 가장 큰 동물이에요. 파타고티탄은 몸길이가 더 길었지만 몸무게는 그보다 작았어요.

공룡의 재앙

공룡은 6천6백만 년 전 K-T 대량 멸종 때 멸종했어요. 아마도 거대한 소행성이 지구에 떨어진 게 그 원인일 거예요. 충돌 때 생기는 열 때문에 수많은 생물이 죽었어요. 다음에는 하늘에 먼지가 가득 차 몇 년 동안 햇빛을 막았기 때문에 수많은 식물이 죽었어요. 그 때문에 식물을 먹는 초식공룡이 굶주리고, 따라서 그런 공룡을 잡아먹는 육식공룡도 굶주렸죠. 살아남은 생물은 대부분 몸집이 작은 동물이었어요. 작은 포유류, 파충류, 곤충, 작은 공룡으로부터 진화한 최초의 조류 등이었어요.

· 생물의 변천 ·

포유류의 등장

최초의 포유류는 2억1천만 년 전 파충류로부터 진화하여 공룡들과 함께 존재했어요. 이 시대에 가장 큰 동물은 공룡을 비롯하여 하늘을 날아다니는 공룡 친척인 익룡 등 모두 파충류였어요. 그렇지만 포유류는 대부분 작았어요. 작기도 하고 밤에 먹이를 찾아다닌 덕분에 무서운 공룡을 피할 수 있었답니다.

공룡의 뒤를 이은 포유류

6천6백만 년 전 대량 멸종 때 공룡은 소멸했지만 포유류는 많이 살아남았어요. 몸집이 작기 때문에 먹이도 많이 필요하지 않았죠. 포유류는 종종 굴에 숨어 살았는데, 그 덕분에 소행성이 떨어질 때 생긴 높은 열기를 피할 수 있었어요. 이렇게 살아남은 포유류가 나중에 진화하고 분화하여 예전에 파충류가 차지하고 있던 생태적 자리를 채웠어요.

귀여운 털북숭이 메가조스트로돈은 최초의 포유류에 속해요. 몸길이는 10센티미터 정도였고, 아마도 곤충이나 작은 먹이를 잡아먹었을 거예요.

6천만 년 전
포유류 중 일부는 발굽 있는 초식동물인 유제류로 진화했어요. 이들은 오늘날 말, 양, 하마, 기린 같은 동물의 조상이에요.

5천5백만 년 전
육식동물이 진화했어요. 이들은 늑대, 호랑이, 곰 같은 동물이 됐어요.

5천3백만 년 전
피부로 된 날개로 날아다니는 포유류가 진화했어요. 바로 박쥐과예요.

• 생물의 변천 •

다시 물속으로

처음에 포유류는 모두 육상동물이었어요. 그렇지만 5천2백만 년 전쯤 일부 포유류가 물속으로 돌아가 그곳에서 살 수 있도록 진화했어요. 진화하는 동안 다리가 작아져 없어지거나 지느러미처럼 변했어요. 진화를 거쳐 신체 부위가 새로 발달하기도 하지만, 작아지거나 없어질 수도 있답니다.

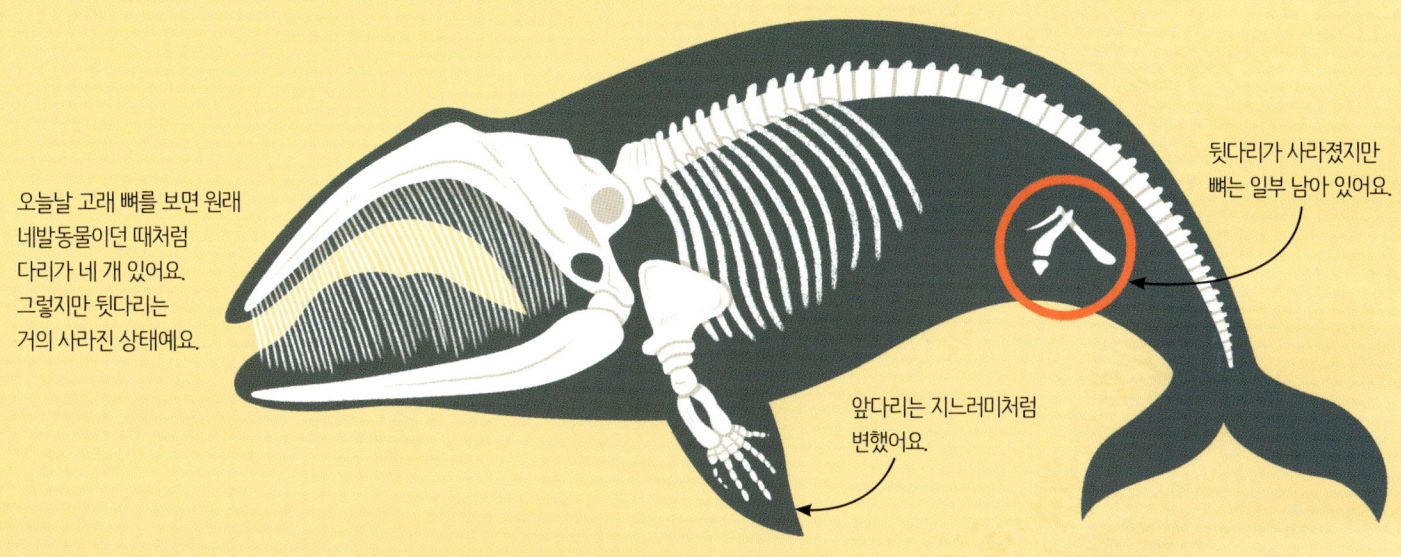

오늘날 고래 뼈를 보면 원래 네발동물이던 때처럼 다리가 네 개 있어요. 그렇지만 뒷다리는 거의 사라진 상태예요.

뒷다리가 사라졌지만 뼈는 일부 남아 있어요.

앞다리는 지느러미처럼 변했어요.

일부 바다 포유류는 상어나 어룡 같은 바다 동물과 비슷한 모양으로 변했어요. 이 역시 수렴진화의 좋은 예랍니다(24쪽).

상어 - 어류   어룡(멸종) - 파충류   돌고래 - 포유류

거대 포유동물

메가테리움 : 몸길이 6미터

메가테리움은 1천만 년 전에 진화한 거대한 나무늘보였어요.

오늘날의 두발가락나무늘보 : 몸길이 60~70센티미터

옛날 포유류 중 어떤 것은 오늘날의 포유류 친척들보다 훨씬 더 컸어요. 포식자를 막아 내기 위해, 또 지구가 훨씬 더 추웠던 지난 빙하시대 동안 체온을 유지하기 위해 이런 식으로 진화했을 거예요. 그러나 먹이가 부족해지면 몸집이 큰 동물은 소멸할 가능성이 더 크답니다. 오늘날 이런 거대 포유동물이 없어진 것도 아마 그 때문일 거예요.

• 생물의 변천 •

인간이 나타났어요!

공룡이 소멸한 뒤 새로운 부류의 포유류가 진화했어요. 이들은 영장류였어요. '영장'은 우두머리라는 뜻이에요. 19세기에 과학자는 이들에게 영장류라는 이름을 붙였는데, 생물 중 '가장 높고' 가장 고등하다고 생각하는 인간과 유인원이 여기 포함되기 때문이랍니다. 오늘날 영장류에는 여우원숭이, 원숭이, 인간이 포함돼 있어요.

인간은 어떻게 진화했을까요?

인간이 생물 중 가장 고등하다는 말은 사실일까요? 사실 진화라는 건 더 '높게', 더 '특별하게' 변하는 과정이 아니에요. 진화는 그냥 생물 종이 주위 환경에 적응하게 할 뿐이에요. 그렇지만 인간은 매우 유별나게 변화했어요. 우리는 알려진 생물 종 중 가장 뛰어난 두뇌를 가지고 있어요. 또 복잡한 문화와 예술, 기술과 문자를 가지고 있는 유일한 생물이기도 해요. 최초의 영장류는 작은 털 포유류가 나무 생활에 맞게 진화한 5천5백만 년 전쯤 발달했어요. 이들은 발이 손처럼 생겨 나뭇가지를 붙들 수 있었고, 눈은 앞쪽을 향하도록 진화했어요. 1천 3백만 년 전과 7백만 년 전 사이의 어느 때 유인원들이 두 갈래로 분화했어요. 그중 하나는 침팬지로 진화했고, 나머지 하나는 사람족(인간과 그 조상)으로 진화했답니다.

아르키케부스
5천5백만 년 전

오늘날의 원숭이와 닮은 원시 영장류 아르키케부스는 원시 원숭이로 진화했어요.

프로콘술
2천5백만 년 전

프로콘술은 원숭이와 비슷했지만 유인원과 닮은 점도 있었어요. 꼬리가 없고, 손힘이 세고, 얼굴이 약간 사람을 닮았죠.

오스트랄로피테쿠스
4백만 년 전

오스트랄로피테쿠스 같은 원시 사람족은 두 다리로 걸으며 땅 위에서 살도록 진화했어요.

• 생물의 변천 •

사람과

오스트랄로피테쿠스 같은 원시 사람족으로부터 사람과가 분화해 나왔어요. 장소는 아프리카였을 거예요. 그중 한 갈래가 30만 년이나 20만 년 전에 진화하여 현대인인 호모 사피엔스가 됐어요. 우리는 인간에도 여러 종이 있었다는 것을 알고 있지만, 그들이 모두 서로 어떤 친척 관계였는지는 모른답니다. 오늘날에는 사람이 한 종만 있지만, 3만5천 년 전만 해도 여러 종의 사람이 동시에 살았고 때로는 서로 오가기도 했어요. 다른 종의 사람을 만나는 기분은 어땠을까요!

호모 하빌리스
('솜씨 좋은 인간')
2백10만~1백50만 년 전

돌 도구를 사용하고
죽은 동물 고기를 먹었어요.

호모 헤이델베르겐시스
('하이델베르크인')
60만~20만 년 전

현대인과 네안데르탈인의
조상으로 추정하고 있어요.

호모 에렉투스
('똑바로 서는 인간')
1백80만~14만 년 전

아프리카를 벗어난 최초의
사람족이었을 거예요.
사냥–채집꾼이었어요.

호모 네안데르탈렌시스
('네안데르탈인')
30만~3만5천 년 전

우리 인간과 가장 가까운 친척이에요.
도구 만드는 솜씨가 좋았고
사냥꾼이었어요.

호모 플로레시엔시스
('플로레스인')
10만~5만 년 전

인도네시아 어느 섬에서 발견된,
키가 매우 작은 '호빗' 인간이었어요.

호모 사피엔스 ('슬기로운 인간')
30만~20만 년 전부터 지금까지

복잡한 뇌와 고등한 언어, 예술,
문화를 지닌 현대인이에요.

우리는 왜 털북숭이가 아닐까요?

우리와 가장 가까운 친척인 침팬지나 고릴라를 보면 우리보다 훨씬 털이 많은 걸 알 수 있어요! 인간은 진화하면서 수북하던 털이 없어졌어요. 그 이유를 설명하는 이론에는 여러 가지가 있어요.
• 병을 옮기는 이나 벼룩을 없애는 데 유리했어요.
• 달리며 사냥할 때 몸을 식히는 데 유리했어요.
• 물에서 헤엄치며 물고기를 잡는 데 유리했어요.

• 생물의 변천 •

루시

우리는 땅에서 파낸 수많은 화석을 보고 인간이 어떻게 진화했는지를 많이 알아냈어요. 그중 가장 눈에 띄는 화석은 3백20만 년 전 살았던 사람족 뼈대인데, 1974년에 고생물학자 두 사람이 동아프리카 에티오피아에서 발견했어요. '루시'는 이제까지 발견된 사람족 화석 중 가장 오래된 건 아니지만, 원래 모습을 가장 완전하게 갖추고 있는 화석에 속해요.

루시의 재구성

고생물학자가 발견한 루시의 뼛조각은 몸 전체의 40퍼센트에 해당됐어요. 그리 완전한 것 같지 않아 보이지만 이건 사실 굉장한 발견이랍니다. 갈비뼈라든가 턱뼈 등 작은 뼛조각 하나만 발견되는 때가 많기 때문이에요. 유인원은 몸이 대칭이기 때문에 전체적으로 뼈대가 어떤 모양이었을지 알 수 있어요.

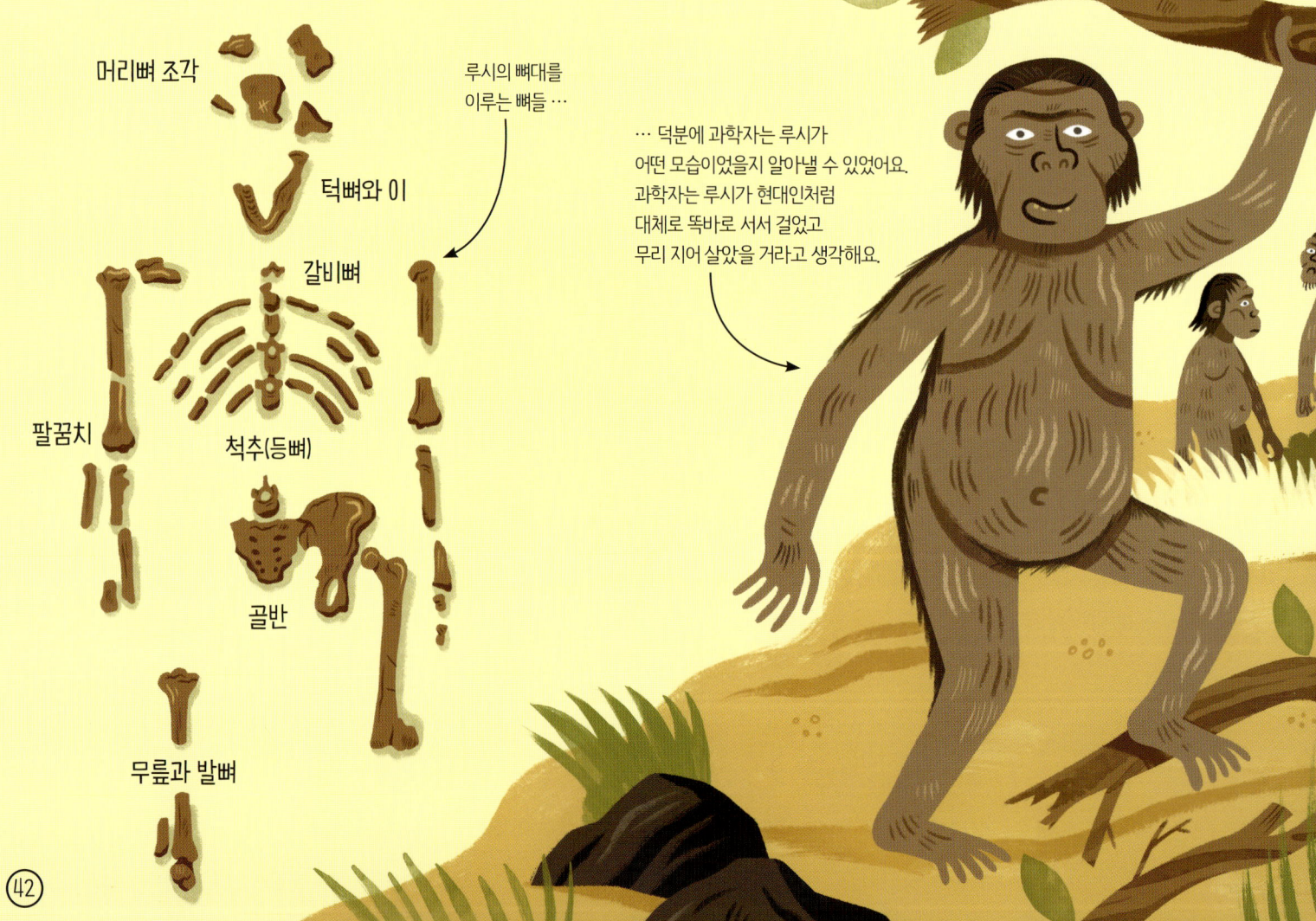

머리뼈 조각

루시의 뼈대를 이루는 뼈들 …

턱뼈와 이

갈비뼈

… 덕분에 과학자는 루시가 어떤 모습이었을지 알아낼 수 있었어요. 과학자는 루시가 현대인처럼 대체로 똑바로 서서 걸었고 무리 지어 살았을 거라고 생각해요.

팔꿈치

척추(등뼈)

골반

무릎과 발뼈

• 생물의 변천 •

실마리 풀어내기

화석 전문가는 루시를 세밀하게 살펴보고 루시에 대해, 또 인간이 어떻게 진화했는지에 대해 훨씬 많이 알아냈어요. 그렇지만 아직 우리는 루시의 종이 직접 현대인으로 진화했는지는 확실히 알지 못해요. 하지만 과학자는 루시의 뼈대로부터 매우 많은 실마리를 얻어 내고 있답니다. 그림에서 진한 색으로 표시된 뼈는 원래 발견된 뼈예요. 흰색 뼈는 없는 부분을 추가로 그려 넣은 거예요.

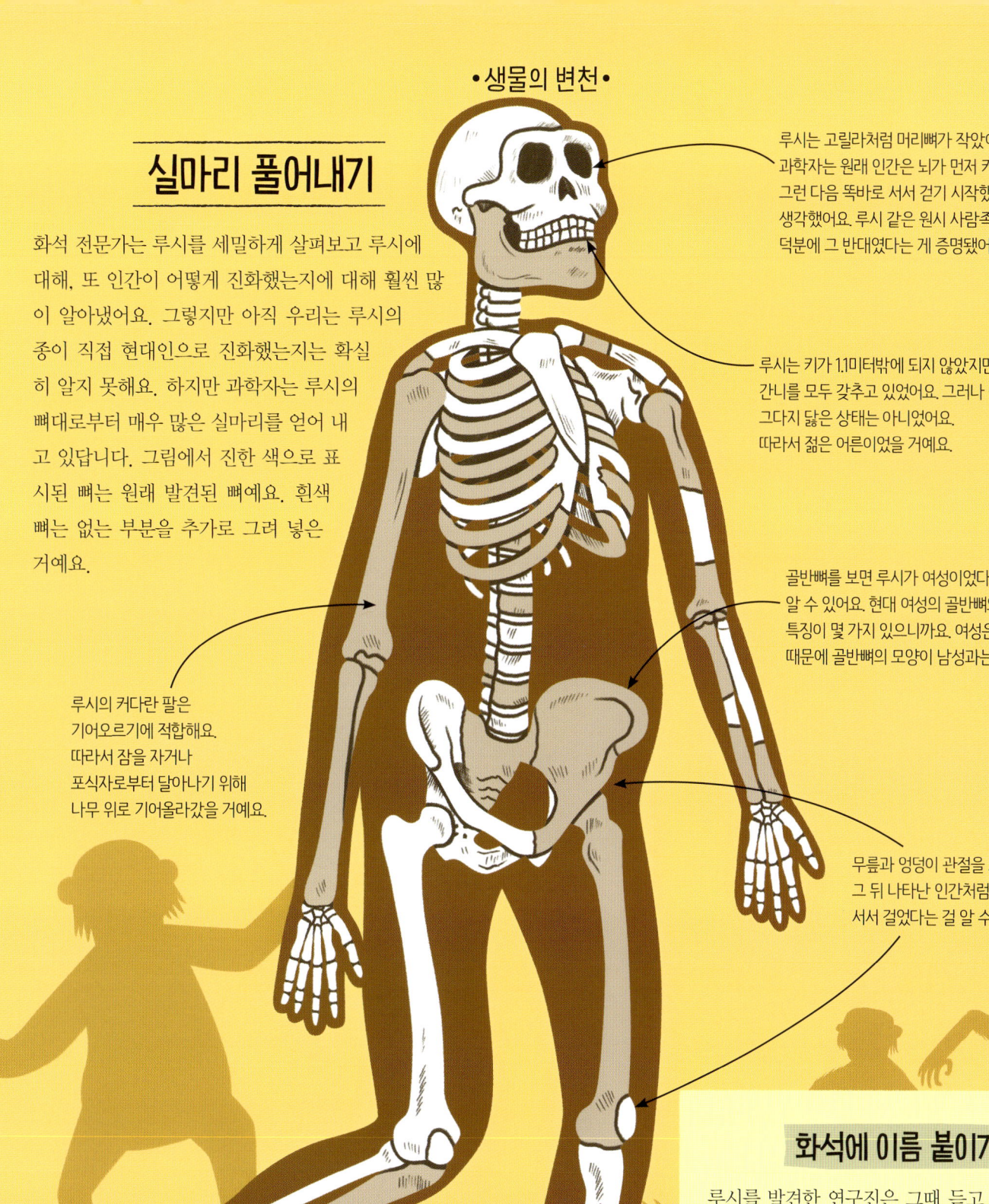

루시는 고릴라처럼 머리뼈가 작았어요. 과학자는 원래 인간은 뇌가 먼저 커졌고 그런 다음 똑바로 서서 걷기 시작했을 거라고 생각했어요. 루시 같은 원시 사람족 화석 덕분에 그 반대였다는 게 증명됐어요.

루시는 키가 1.1미터밖에 되지 않았지만 간니를 모두 갖추고 있었어요. 그러나 이가 그다지 닳은 상태는 아니었어요. 따라서 젊은 어른이었을 거예요.

골반뼈를 보면 루시가 여성이었다는 걸 알 수 있어요. 현대 여성의 골반뼈와 공통되는 특징이 몇 가지 있으니까요. 여성은 아기를 낳기 때문에 골반뼈의 모양이 남성과는 달라요.

루시의 커다란 팔은 기어오르기에 적합해요. 따라서 잠을 자거나 포식자로부터 달아나기 위해 나무 위로 기어올라갔을 거예요.

무릎과 엉덩이 관절을 보면 루시는 그 뒤 나타난 인간처럼 똑바로 서서 걸었다는 걸 알 수 있어요.

화석에 이름 붙이기

루시를 발견한 연구진은 그때 듣고 있던 노래에서 '루시'라는 이름을 따왔어요. 비틀즈가 부른 노래였는데 제목에 루시라는 이름이 들어가 있었거든요. 1978년에는 루시를 비롯하여 다른 여러 화석에 '오스트랄로피테쿠스 아파렌시스'라는 학명도 붙었어요. 에티오피아에서는 루시를 '딩키네시'라 불러요. '넌 굉장해'라는 뜻이에요.

제3장
가계도

여러분은 어쩌면 여러분 가족의 가계도를 본 적이 있을 거예요. 가계도에는 여러분과 엄마, 아빠, 할아버지, 할머니, 사촌 등 친척이 그려져 있어요. 각 친척이 다른 친척과 서로 어떤 관계인지를 보여 주는 선이 나뭇가지처럼 그려져 있어요.

그렇지만 사촌이나 할아버지, 할머니, 이모, 고모, 삼촌들만 친척인 건 아니에요. 침팬지나 고릴라 같은 다른 동물도 여러분의 친척이에요. 고양이, 바닷가재, 소, 아나콘다, 독수리, 심지어 배추까지도요. 사실 지구상의 모든 생물이 어마어마하게 큰 가족이에요. 여러분의 가계도를 거슬러 올라가 맨 처음으로 돌아가면 동물, 식물뿐 아니라 그 밖의 생물까지 모두 똑같은 조상으로부터 내려왔다는 걸 알게 돼요. 그 조상은 바로 눈에 보이지 않을 정도로 작은, 지구상에 가장 먼저 나타난 바로 그 생물체들이랍니다.

• 가계도 •

커다란 한 가족

과학자는 모든 종이 원시 단세포생물 한 마리로부터 진화했다고 생각해요. 그게 사실이라면 그 최초 생물체가 여러분의 증조, 고조, 고, 고 … '고'가 수억 번 붙는 고조할머니–할아버지라는 말이에요! 우리는 이 생물체를 '모든 생물의 공통 조상'이라 불러요.

단순한 시작

모든 생물이 한 생물체로부터 발달했다는 생각은 꽤 오래전부터 있었어요. 18세기에 어떤 과학자가 이 이론을 내놓았으니까요. 다윈도 1859년에 《종의 기원》을 쓸 때 다음과 같이 말하면서 거기에 동의했어요. "그처럼 단순한 시작으로부터 더없이 아름답고 더없이 멋진 무수한 생물이 진화해 왔고 진화하고 있다."

근래에 과학자는 갖가지 생물체의 DNA를 연구했는데, 그 결과 알려진 모든 생물 종은 비슷한 DNA 구성을 가지고 있다는 걸 알아냈답니다. 즉 우리는 모두 하나의 세포로부터 진화했을 가능성이 매우 높다는 뜻이에요. 세포와 종은 생식하고 진화하면서 자신의 DNA를 복제하여 자식에게 물려줍니다.

최초 세포가 다른 모든 생물로 진화하면서 최초 세포의 DNA 구성이 복제돼 들어갔어요.

하나의 세포

우리의 절반이 양배추예요!

우리 DNA는 다른 온갖 생물의 DNA와 겹치는 부분이 매우 많답니다. 예컨대 인간 DNA는 50퍼센트 정도가 양배추와 일치해요. 다른 생물과 우리의 DNA가 얼마나 많이 겹치는지를 그림으로 나타냈어요.

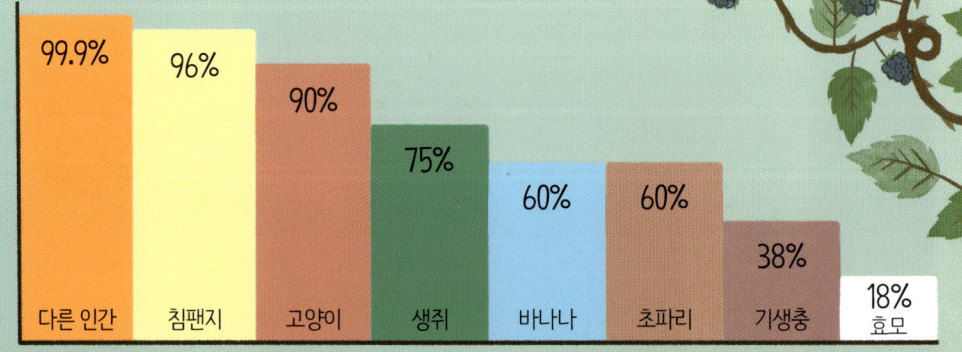

- 다른 인간: 99.9%
- 침팬지: 96%
- 고양이: 90%
- 생쥐: 75%
- 바나나: 60%
- 초파리: 60%
- 기생충: 38%
- 효모: 18%

• 가계도 •

가족의 특징

인간이 진화할 때 우리 신체의 각 부분과 능력이 모두 완전히 새로 생겨난 게 아니에요. 그중 많은 부분이 그전 생물체에게 이미 있던 거랍니다. 예를 들면 우리 조상은 어류가 땅으로 올라온 3억9천5백만 년 전쯤 네발이 진화했어요. 그 뒤로 우리 모든 조상에게는 네발이 있었죠. 눈은 그보다 더 오래전에 진화했고, 지금은 대부분의 동물에게 눈이 있어요.
새로운 종이 진화할 때 이따금씩 새로운 신체 특징이 발달하기도 해요. 그렇지만 대개는 이미 있던 특징이 더 알맞게 적응한답니다. 예를 들면 인간은 진화하면서 머리뼈와 뇌가 커졌고 다리도 길어졌어요.
실제로 척추동물(등뼈가 있는 동물)은 대부분 기본 신체 구조가 같아요. 겉모양은 달라도 뼈대를 보면 똑같은 때가 많답니다.

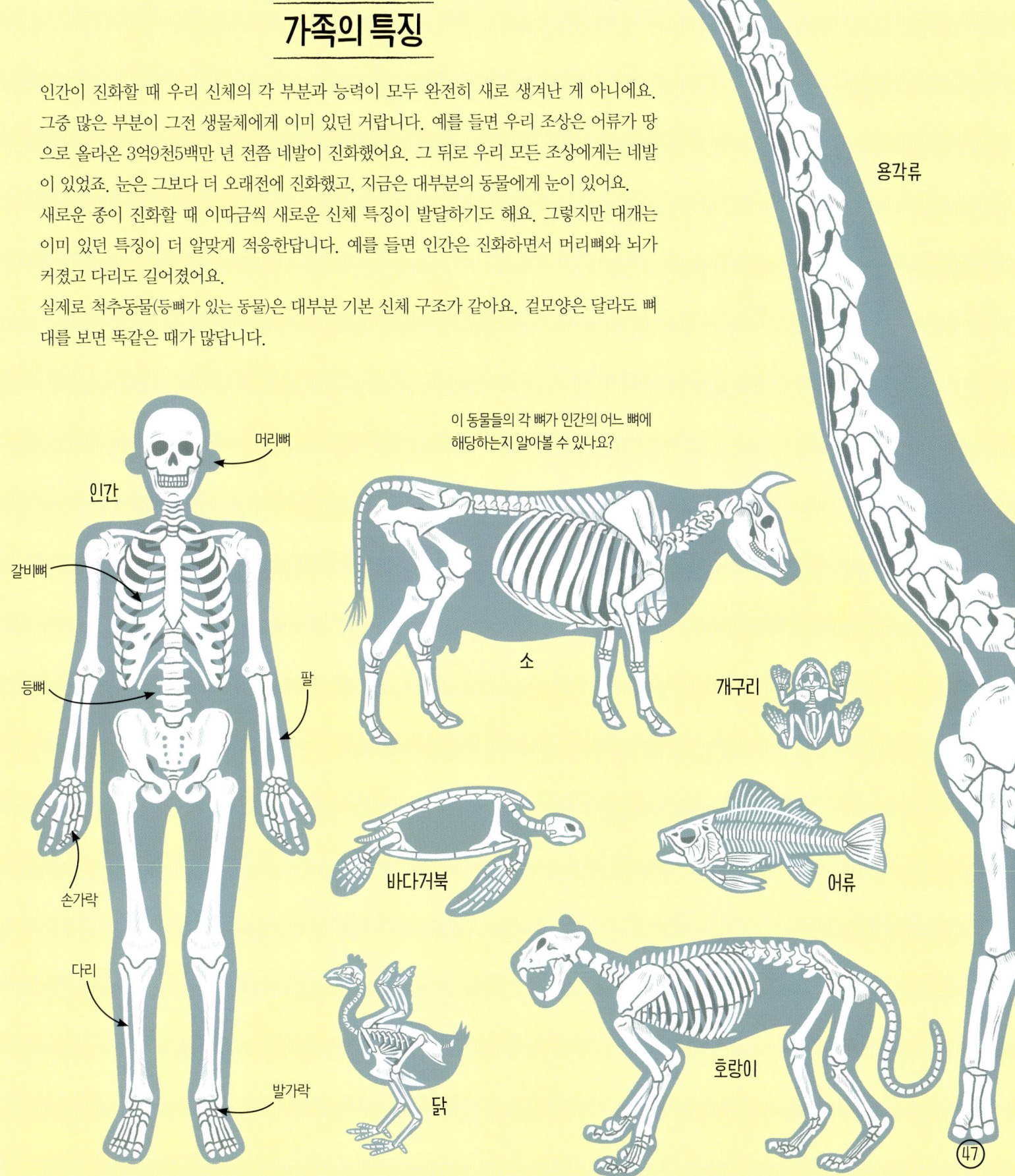

이 동물들의 각 뼈가 인간의 어느 뼈에 해당하는지 알아볼 수 있나요?

• 가계도 •

공통되는 특징 : 손

원숭이, 시궁쥐, 심지어 고양이나 개도 우리 손이나 손가락과 비슷한 신체 부위가 있는 걸 볼 수 있어요. 이런 부위는 척추동물이 진화하는 초기에 생겨났답니다.

손은 무엇일까요?

손은 앞다리 끝에 있는 손가락 무리를 가리키는 말이에요. 우리는 주로 인간의 손, 그리고 손이 인간과 비슷한 고릴라, 원숭이, 코알라, 판다 같은 동물의 손만 '손'이라고 불러요. 그렇지만 그 밖에도 기본 구조가 똑같은 동물이 많답니다. 어떤 동물은 손가락이 다섯 개가 넘어요. 예컨대 두더지는 손마다 손가락이 여섯 개씩 있어요. 그렇지만 다섯 개보다 적은 동물도 있어요. 새는 세 개밖에 없어요. 이런 동물은 모두 손 같은 부분이 있어요. 생김새가 매우 다르게 진화했을 뿐이죠. 때로는 뼈대로만 알아볼 수 있는 경우도 있어요.

인간의 손

인간의 경우 손은 우리의 진화에서 중요한 부분이에요. 우리의 손은 강하고 민첩하고 기능이 많아요. 우리는 손을 이용해서 물건을 집어 올리고, 붙들고, 던지고, 당기고, 물건을 만들고, 글을 쓰거나 그림을 그려 생각을 전할 수 있어요. 이런 손이 있기 때문에 옷이라든가 도구, 집, 장치 등 필요한 것을 발명하고 만들고 지을 수 있었어요.

우리 손에 있는 엄지손가락은 나머지 손가락과 마주 쥘 수 있어요. 그래서 뭔가를 단단히 붙잡을 수 있답니다.

거북의 지느러미

장수거북 지느러미 안의 뼈대에는 손과 손가락 부분이 있어요.

• 가계도 •

날개 손가락
박쥐 손가락은 날개를 지탱하도록 가늘고 길게 진화했어요. 박쥐는 손가락을 오므리거나 펼쳐 날개를 접거나 편답니다.

앞다리가 날개로
새는 앞다리가 가늘고 긴 날개뼈로 진화했어요. 날개뼈 끝에 손가락 세 개가 달려 있지요. 팔꿈치와 손목과 손가락을 움직여 날개를 접거나 펴 조절해요.

조그만 손
시궁쥐 손은 조그만 사람 손 같아요. 우리처럼 시궁쥐도 몸을 세우고 앉아서 '손'을 이용하여 물건을 쥐어요.

해달의 앞발
해달의 앞발은 그 안에 다섯 '손가락'이 들어 있어서 매우 능숙하게 움직인답니다. 돌을 도구로 이용하여 조개를 깨서 먹어요. 잠을 잘 때는 물결에 밀려 헤어지는 일이 없도록 서로 손을 잡고 잠을 자요.

손이 없어도 문제없어요!

무척추동물은 우리와 같은 뼈가 없고 손도 없어요. 그렇지만 어떤 무척추동물은 물체를 집고 쥘 수 있도록 다른 방식으로 진화했어요.

문어는 다리로 물체를 감싸 쥘 수 있을 뿐 아니라 빨판이 많이 나 있어서 먹이를 붙잡기 편리해요.

게는 집게 힘이 좋아서 먹이를 꼼짝 못하게 붙들고 있을 수 있고 조개껍질을 깰 수 있어요.

·가계도·
다윈의 낙서

찰스 다윈은 진화 이론을 궁리할 때 그 내용을 공책 몇 권에다 적었어요. 그중 한 권에는 '생명 나무'라는 이름으로 널리 알려진 그림이 그려져 있어요. 이 그림은 한 가닥의 선이 여럿으로 갈라져 여러 방향으로 가지를 친 모양을 하고 있어요. 갈라진 선이 다시 여럿으로 가지를 치고, 그것이 또 가지를 쳐요. 나무처럼 말이에요.

다윈은 이 낙서를 1837년에 그렸어요. 《종의 기원》을 내기 훨씬 전이죠. 이 그림을 보면 진화가 어떻게 작동하는지, 또 하나의 종이 어떻게 많은 종으로 분화하는지를 다윈이 이미 알아냈다는 걸 알 수 있어요. 생물은 모두 하나의 생물체로부터 출발했지만, 거기서 새로운 종이 자꾸자꾸 가지 쳐 나왔어요. 이 '나무'의 가지가 모두 계속 뻗어 나간 건 아니에요. 어떤 가지는 멸종했어요. 그렇지만 한 종이 둘로 분화하고 나서 때때로 두 종 모두 계속 뻗어 나가면서 서로 다른 생물로 진화한 것도 있어요.

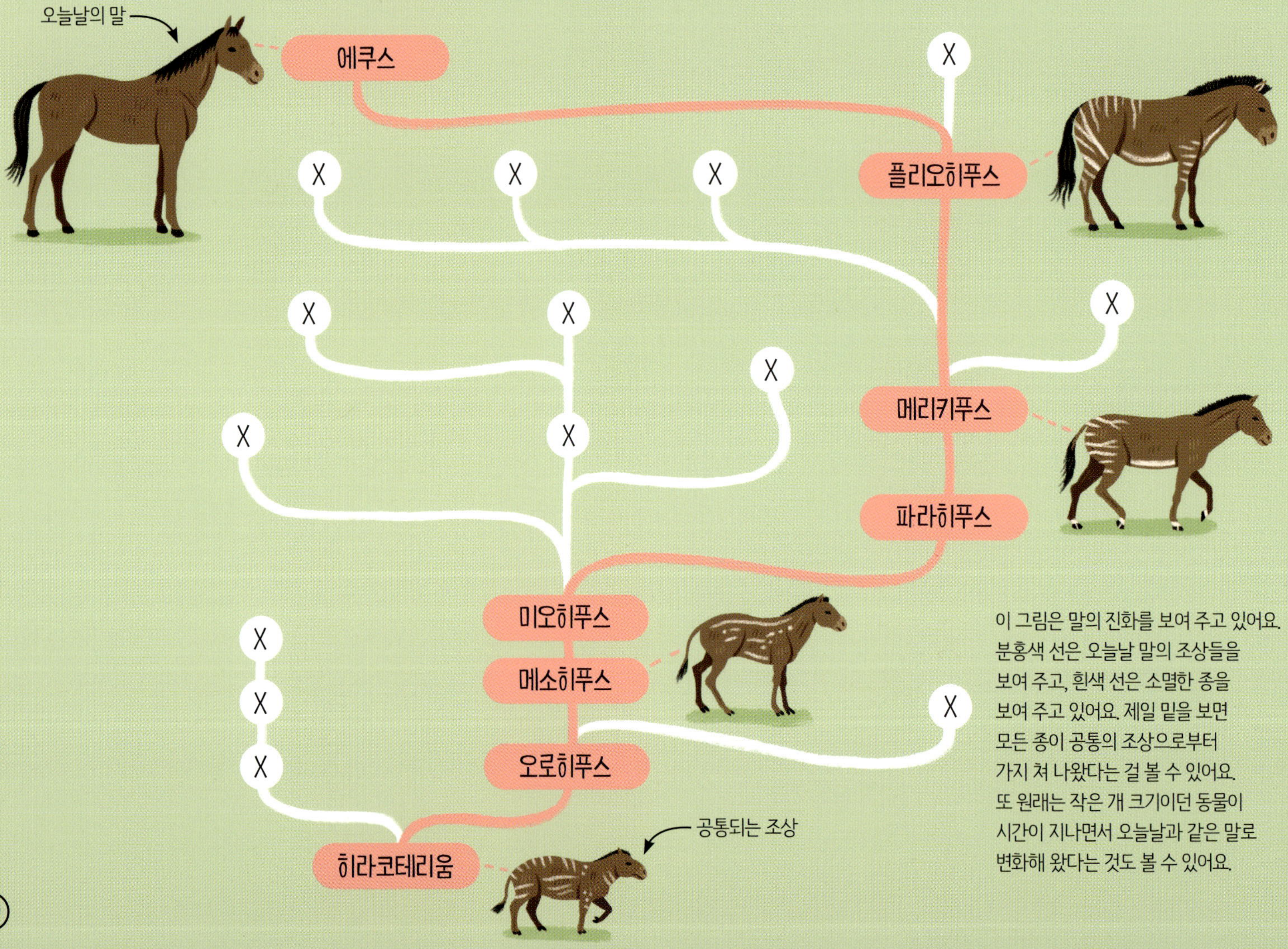

다윈의 '생명 나무' 그림

오늘날의 말 — 에쿠스
플리오히푸스
메리키푸스
파라히푸스
미오히푸스
메소히푸스
오로히푸스
히라코테리움 — 공통되는 조상

이 그림은 말의 진화를 보여 주고 있어요. 분홍색 선은 오늘날 말의 조상들을 보여 주고, 흰색 선은 소멸한 종을 보여 주고 있어요. 제일 밑을 보면 모든 종이 공통의 조상으로부터 가지 쳐 나왔다는 걸 볼 수 있어요. 또 원래는 작은 개 크기이던 동물이 시간이 지나면서 오늘날과 같은 말로 변화해 왔다는 것도 볼 수 있어요.

• 가계도 •

생물체는 모두 한 나무에 속할까요?

과학자는 생물 종 모두가 한 개의 단세포생물로부터 진화했다고 생각해요. 그렇다면 진화 전체를 '줄기'가 한 개인 나무 그림 하나로 나타낼 수 있어요. 진화 전체를 자세히 그릴 수 있다면 어마어마하게 큰 나무라야 멸종한 종과 살아 있는 종 수백만 가지를 모두 보여 줄 수 있겠죠. 실제 나무보다 훨씬 더 복잡한 모양이 될 거예요.

생물체는 대부분 단세포생물이에요.

동물은 가장 복잡한 다세포생물이에요.

여러분은 어쩌면 인간이라든가 고양이, 개, 물고기, 새 등 척추동물이 '일반적인' 생물이라고 생각하고 있을 거예요. 그러나 생명 나무를 보면 알 수 있는 것처럼 척추동물은 생명 나무에서 지극히 작은 일부분에 지나지 않아요. 대부분의 나뭇가지는 박테리아나 아메바 같은 단세포생물이 차지하고 있어요. 과학자는 아직 발견하지 못한 단세포생물이 많이 있다고 생각해요.

• 가계도 •

뭐가 뭐지?

과학자는 생물을 신체 특징과 능력과 유전자와 DNA에 따라 여러 부류로 나누고 있어요. 이처럼 나누는 과정을 분류라고 해요. 예를 들면 조류는 깃털이 있지만 그 밖의 생물은 그렇지 않아요. 그러므로 어떤 동물에게 깃털이 있으면 그 동물은 조류로 분류한답니다.

단계적으로, 세밀하게

스웨덴의 의사 겸 과학자 칼 폰 린네는 18세기에 생물 분류 체계를 만들었어요. 생물을 동물, 식물, 균류, 박테리아 등 커다랗게 몇 가지 무리로 나누어요. 각 무리를 다시 더 작은 무리로 나누고, 작은 무리를 다시 더 작은 무리로 나누는 식으로 계속해요. 커다란 무리는 생명 나무에서 굵은 가지에 해당돼요. 작은 무리는 작은 가지와 더 작은 가지에 해당되고, 제일 끝에 있는 종은 나무에 달린 가장 어린 가지나 마찬가지예요.

단계별로 보면 분류는 '계'에서 시작해서 '종'까지 크게 일곱 단계가 있어요. 눈표범은 다음과 같이 분류된답니다.

- **계** 동물계
- **문** 척삭동물문(척수가 있는 동물)
- **강** 포유강
- **목** 식육목(육식동물의 후손)
- **과** 고양이과
- **속** 표범속
- **종** 눈표범(판테라 운키아) *Panthera uncia*

종마다 라틴어로 된 학명이 있어서, 과학자가 전 세계 어디서 살든 어느 나라 말을 하든 정확하게 구별할 수 있어요.

• 가계도 •
가장 가까운 친척

생물 종은 '생명 나무'에 속하기도 하지만 종마다 자신과 가장 가까운 친척들, 즉 나무에서 자신과 가장 가까운 가지들로만 이루어지는 가계도가 있어요. 과학자는 생물을 연구할 때 이런 가계도를 이용하여 동물들이 서로 어떻게 친척이 되는지를 살펴본답니다. 생물의 가장 가까운 친척은 우리의 예상과는 다를 때도 있어요.

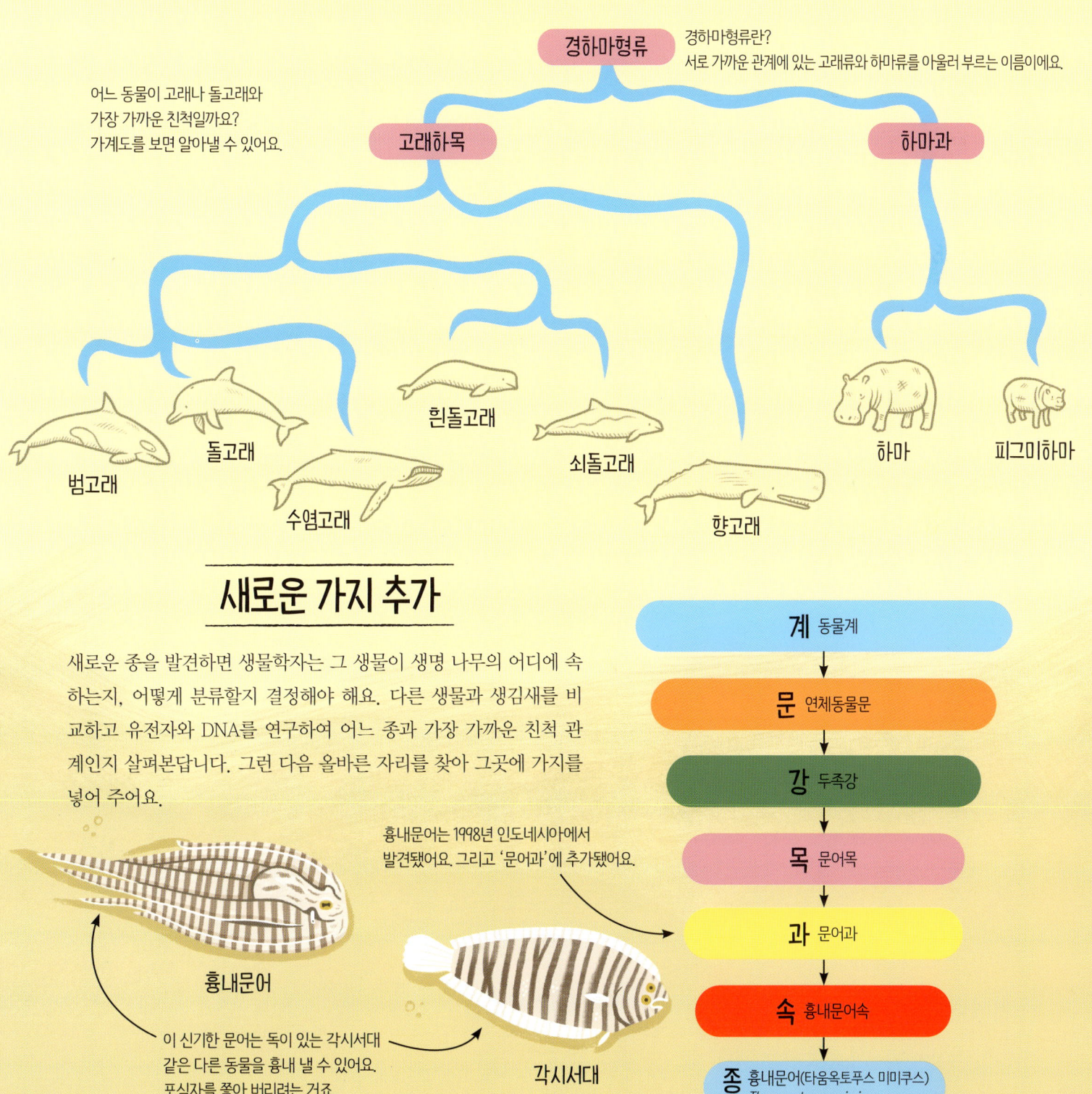

어느 동물이 고래나 돌고래와 가장 가까운 친척일까요? 가계도를 보면 알아낼 수 있어요.

경하마형류란?
서로 가까운 관계에 있는 고래류와 하마류를 아울러 부르는 이름이에요.

새로운 가지 추가

새로운 종을 발견하면 생물학자는 그 생물이 생명 나무의 어디에 속하는지, 어떻게 분류할지 결정해야 해요. 다른 생물과 생김새를 비교하고 유전자와 DNA를 연구하여 어느 종과 가장 가까운 친척 관계인지 살펴본답니다. 그런 다음 올바른 자리를 찾아 그곳에 가지를 넣어 주어요.

흉내문어는 1998년 인도네시아에서 발견됐어요. 그리고 '문어과'에 추가됐어요.

이 신기한 문어는 독이 있는 각시서대 같은 다른 동물을 흉내 낼 수 있어요. 포식자를 쫓아 버리려는 거죠.

제4장

진화 작용

단계적으로 느릿느릿 일어나는 진화 과정을 통해 생물의 신기한 신체 특징과 능력이 만들어질 수 있다는 걸 믿기 어려워하는 사람들도 있어요. 문어나 잠자리, 인간의 정교한 눈과 선명하게 볼 수 있는 능력은 어떻게 진화한 걸까요? 땅 위를 기거나 달리던 동물이 어떻게 날개로 하늘을 나는 동물로 진화했을까요? 생각하고 말하고, 망치나 가위를 비롯하여 조리 기구와 자동차와 컴퓨터까지 갖가지 놀라운 것을 발명할 수 있는 인간은 원시 조상으로부터 어떻게 진화한 걸까요?

놀랍기는 하지만 진화에서는 이런 게 가능하답니다.
환경에 적응하는 걸 보면 더욱 신기해요.

• 진화 작용 •

눈의 진화

작디작은 파리에서부터 눈매가 예리한 맹금류, 안경을 쓰는 인간에 이르기까지 동물에게는 대부분 눈이 있어요. 우리 지구는 가장 가까운 별인 태양으로부터 빛이 쏟아져 들어오죠. 빛을 볼 수 있다는 건 생물이 주위에 있는 것뿐 아니라 멀리 있는 물체까지 탐지할 수 있다는 뜻이에요. 이 덕분에 동물은 먹이를 얻고, 사냥감을 뒤쫓고, 위험을 피하고, 짝짓기 상대를 찾아낼 수 있답니다.

눈의 진화

빛을 느끼는 기초적인 기관은 동물이 발달하기 시작한 초기에 생겨났어요. 이 기관이 진화하여 오늘날 동물에게서 볼 수 있는 여러 종류의 눈이 됐어요.

① **안점**
가장 간단한 눈은 광수용체가 모여 있는 안점이에요. 이것은 세포 안에 있는 작은 기관으로, 빛 에너지를 느끼기 때문에 밝은지 어두운지 판단할 수 있어요.

유글레나
(단세포생물)

② **우묵한 안점**
안점보다 더 정교한 것은 우묵한 안점인데, 광수용체가 우묵한 곳 안에 들어 있어요. 그러면 옆에서 오는 빛이 가려지기 때문에 더 잘 볼 수 있어요.

삿갓조개

③ **원시 수정체 눈**
원시 수정체 눈은 안점이 우묵해지고 그 위를 투명한 피부가 덮도록 진화하여 더 선명하게 볼 수 있어요.

물레고둥

⑤ **카메라 렌즈 눈**
원시 수정체 눈이 진화하여 우리의 눈 같은 카메라 렌즈 눈이 됐어요. 이런 눈은 빛을 구부려 눈 안쪽 빛을 느끼는 망막에 초점이 맺게 하기 때문에 선명하고 뚜렷하게 볼 수 있어요.
문어의 눈은 인간의 눈과는 다른 방식의 카메라 렌즈 눈으로 진화했어요.

④ **겹눈**
겹눈은 수많은 수정체로 이루어져 있어요. 파리나 잠자리에게는 수정체 수천 개가 모여 만들어진 커다란 겹눈이 있어요.

잠자리

문어

인간

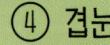

• 진화 작용 •

눈이 몇 개일까요?

동물 중에는 눈이 두 개인 게 많아요. 그 덕분에 입체로 볼 수 있어요. 두 눈이 물체를 바라보는 각도가 서로 약간씩 다르기 때문이에요. 그래서 뇌는 물체가 얼마나 멀리 있는지, 얼마나 빨리 움직이는지 판단할 수 있답니다.

거미는 눈이 최고 여덟 개까지 있어요. 이 늑대거미의 눈 중 커다란 눈 두 개는 '보는' 용도고 작은 눈 여섯 개는 움직임을 느껴요.

해만가리비는 밝은 파란색 눈이 1백 개가 넘어요. 이 눈들은 가리비의 망막에 빛이 모이도록 거울 역할을 해요. 그래서 주위에 떠다니는 작디작은 먹이 조각을 더 쉽게 찾아낼 수 있어요.

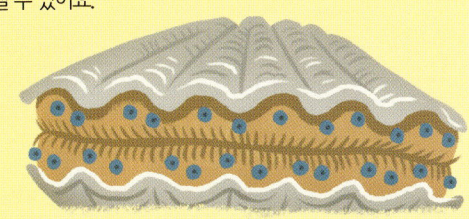

어마어마하게 큰 눈

유달리 크게 진화한 눈은 넓은 영역을 훑어볼 때나, 빛이 약한 밤이라든가 깊은 물속에 있을 때 더 쉽게 볼 수 있어요.

타조의 눈은 지름이 5센티미터인데 육상동물 중 가장 큽니다. 멀리서도 포식자를 알아볼 수 있어요.

동물 전체를 통틀어 눈이 가장 큰 동물은 남극하트지느러미오징어예요. 눈 지름이 최고 25센티미터나 돼서 축구공보다도 커요.

안경원숭이는 동남아시아 열대우림에서 사는 야행성 동물이에요. 툭 튀어나온 눈은 이 원숭이의 뇌와 크기가 비슷해요.

빛 감지

식물은 눈이 없지만 줄기와 잎에 광수용체가 있답니다. 그래서 빛을 느끼고 빛 방향으로 자라날 수 있어요.

• 진화 작용 •

하늘로

수천 년 동안 인간은 날짐승을 바라보면서 날아다니면 얼마나 좋을까 생각했어요. 이제는 비행기나 열기구 등을 발명하는 능력 덕분에 우리 인간도 하늘을 날 수 있어요. 그렇지만 인간은 새나 벌이나 박쥐가 나는 것처럼 직접 하늘을 날지는 못해요. 이런 동물이 하늘로 날아 올라가는 능력은 어떻게 진화했을까요?

날 수 있는 네 가지 동물

박쥐와 독수리, 모기를 보면 서로 날개의 생김새가 매우 다르고 날아다니는 방식도 매우 다르다는 걸 알 수 있어요. 그것은 동물이 종류에 따라 다르게 진화하여 날기 때문이에요. 오늘날 하늘을 나는 동물들의 조상은 하나가 아니랍니다. 넷이나 되는 조상으로부터 각기 따로따로 진화했어요.

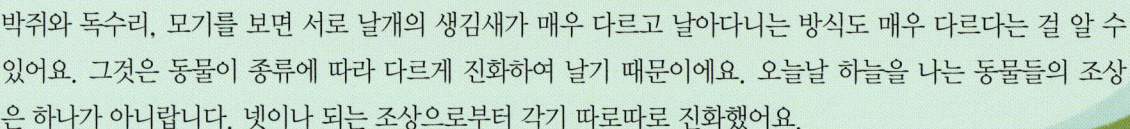

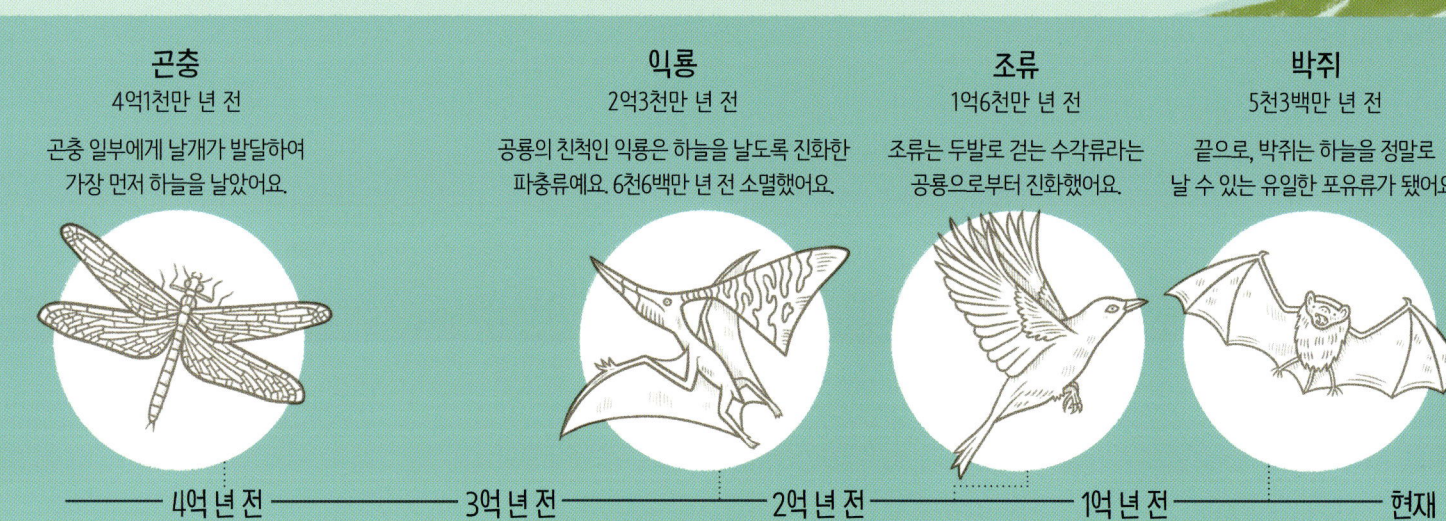

곤충	익룡	조류	박쥐
4억1천만 년 전	2억3천만 년 전	1억6천만 년 전	5천3백만 년 전
곤충 일부에게 날개가 발달하여 가장 먼저 하늘을 날았어요.	공룡의 친척인 익룡은 하늘을 날도록 진화한 파충류예요. 6천6백만 년 전 소멸했어요.	조류는 두발로 걷는 수각류라는 공룡으로부터 진화했어요.	끝으로, 박쥐는 하늘을 정말로 날 수 있는 유일한 포유류가 됐어요.

4억 년 전 ── 3억 년 전 ── 2억 년 전 ── 1억 년 전 ── 현재

- 하늘을 난 최초의 동물 -

곤충은 어마어마하게 오래전에 진화하여 하늘을 날았고, 그래서 그 과정을 볼 수 있는 곤충 화석이 그리 많지 않아요. 이것은 지금도 과학자에게 수수께끼랍니다. 일부 수서곤충에게서 볼 수 있는 커다란 아가미가 진화하여 원시 곤충의 날개가 됐다는 이론이 일반적이에요.

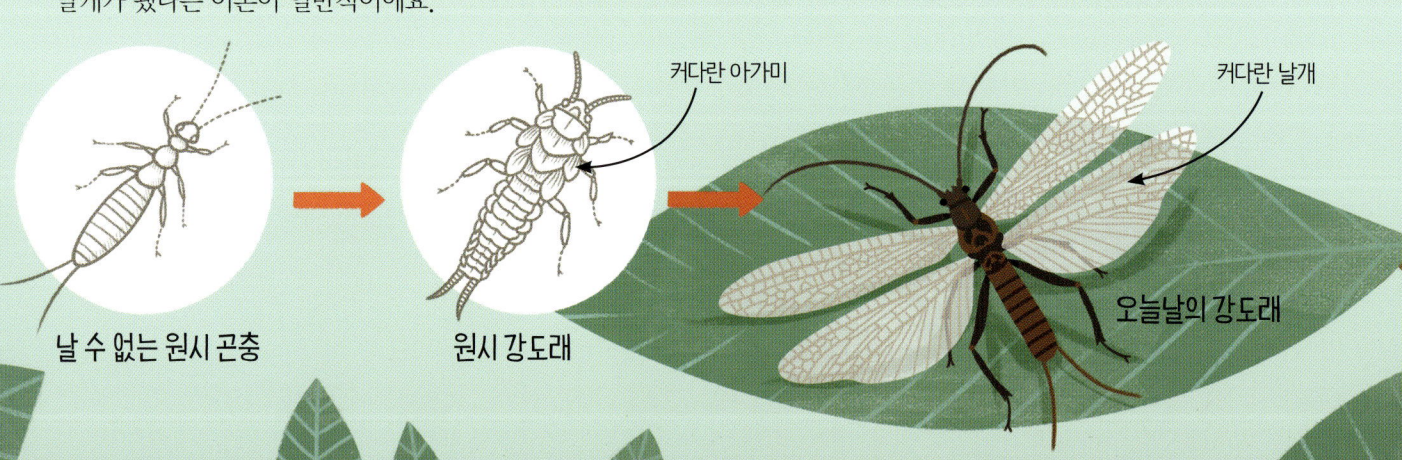

날 수 없는 원시 곤충 → 원시 강도래 (커다란 아가미) → 오늘날의 강도래 (커다란 날개)

• 진화 작용 •
- 하늘을 나는 파충류 -

익룡은 아마도 깡충깡충 뛰어다니던 작은 육상 파충류로부터 진화했을 거예요. 뛰어오르는 데 도움이 되도록 앞다리에 피부로 된 비막이 생겨났고, 그것으로 활공하다가 날게 됐을 거예요. 익룡은 진화하면서 몸집이 커졌어요. 케찰코아틀루스 같은 익룡은 하늘을 나는 동물 중 가장 컸답니다. 익룡은 6천6백만 년 전 K-T 대량 멸종 때 공룡과 함께 소멸했어요.

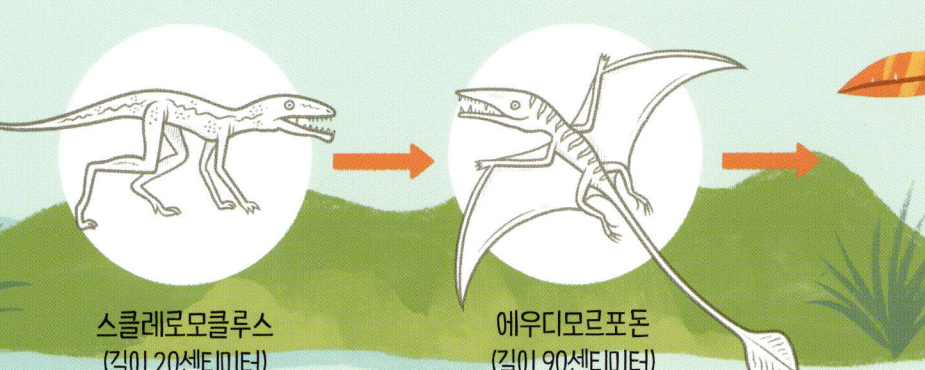

스클레로모클루스
(길이 20센티미터)

에우디모르포돈
(길이 90센티미터)

케찰코아틀루스
(날개 길이 최고 12미터)

- 깃털로 하늘 날기 -

몇몇 날지 않는 공룡들이 깃털을 가지도록 진화했어요. 아마도 과시용이었을 거예요. 두 다리로 걷는 비교적 작은 공룡들이 나중에 깃털이 난 앞다리를 이용하여 활공하다가 날기 시작했고, 결국 오늘날의 새로 진화했어요.

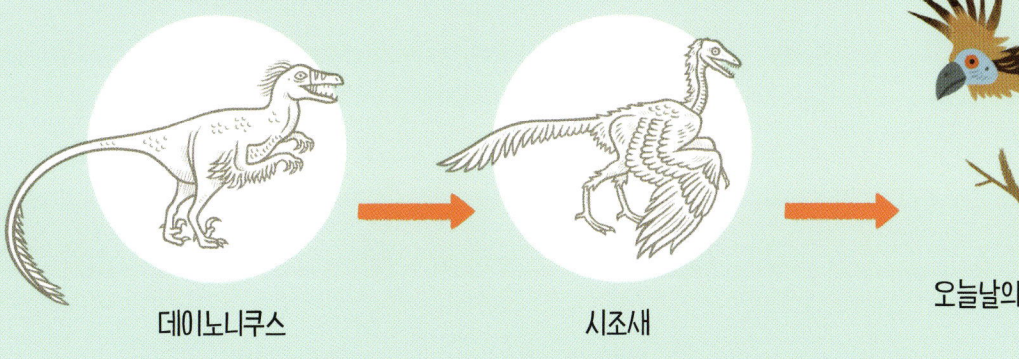

데이노니쿠스

시조새

오늘날의 호아친

- 하늘을 나는 털북숭이 -

네발로 나무를 타는 털북숭이 포유류가 진화하여 박쥐가 됐어요. 오늘날의 날다람쥐와 비슷하게 피부로 된 비막으로 활공하다가 그것이 결국 더 잘 날 수 있는 날개로 진화했답니다.

크리아쿠스

오니코닉테리스

오늘날의 큰박쥐

• 진화 작용 •

식물과 꽃가루받이

수백만 년 동안 일부 동물과 식물은 서로 도우며 살아가도록 진화했어요. 이것은 두 가지 생물이 서로에게 쓸모가 있도록 함께 진화하는 공진화의 멋진 예랍니다.

어떻게 시작했을까요?

4억 년 전쯤 최초의 종자식물이 진화했어요. 꽃가루라 불리는 수컷 세포가 식물 암컷에 있는 세포와 합쳐져 종자(씨앗)를 만드는데, 이 과정을 '꽃가루받이'라고 해요. 처음에는 꽃가루가 바람에 날려 이동했지만, 시간이 지나면서 식물은 곤충을 통해서도 꽃가루받이를 하기 시작했답니다. 곤충이 식물에 앉으면 곤충 몸에 꽃가루가 묻어요. 그 곤충이 다른 식물에 앉으면 꽃가루가 그 식물에 약간 남게 되죠. 곤충은 이런 식으로 꽃가루받이를 할 수 있었어요. 이 때문에 식물은 곤충을 불러들일 수 있는 특징들이 진화했어요. 예를 들어 어떤 식물 종이 먹이를 내놓으면 곤충이 더 많이 찾아와 꽃가루받이를 하게 되죠. 그러면 씨앗을 더 많이 만들어 더 잘 살아남게 되는 거예요.

시간이 가면서 식물에게서 모양과 색과 향기가 제각각인 꽃뿐 아니라 달콤한 꽃꿀을 만드는 등 곤충을 불러들일 수 있는 여러 특징이 진화했어요. 꽃가루받이에는 꽃꿀을 먹는 벌이 특히 중요하답니다.

일벌이 꽃을 찾아가 꽃꿀과 꽃가루를 모아요. 꽃꿀로는 꿀을 만들고 꽃가루는 새끼에게 먹여요.

꽃의 수술이 꽃가루를 만들어요.

벌은 다리에다 꽃가루를 잔뜩 모아요. 몸에 난 털에도 꽃가루가 묻어요.

꿀벌이 여기저기 날아다니는 사이에 꽃가루가 다른 꽃에 묻고, 그래서 꽃가루받이가 이루어져요.

• 진화 작용 •

꽃가루받이의 동반자

꽃가루받이가 벌로만 이루어지는 건 아니에요.
그 밖에도 식물과 함께 공진화한 곤충이나 동물이 많이 있답니다.

붉은가슴벌새는 붉은숫잔대의 꽃꿀을 먹으면서 꽃가루받이해요.

유카나방은 유카 꽃에 알을 낳으면서 유카가 씨앗을 만들 수 있도록 꽃가루받이해요. 나방 애벌레가 씨앗을 얼마간 먹지만 나머지는 남겨 두어요.

꽃꿀을 먹는 박쥐는 밤에 꽃이 피는 기둥선인장을 꽃가루받이해요. 기둥선인장은 밤중에 커다란 흰색 꽃을 피우는 데다 향기가 짙어 박쥐가 쉽게 찾아갈 수 있답니다.

속았지롱!

거대한 라플레시아 꽃은 커다란 파리들이 꽃가루받이해요. 이 꽃은 파리와 구더기가 주로 먹는 썩은 고기 냄새를 풍겨 파리를 불러들여요. 파리는 냄새에 이끌려 꽃을 찾아와 앉죠. 먹을 게 없다는 걸 알면 파리가 금방 날아가지만 꽃가루받이는 이미 이루어진 뒤랍니다.

• 진화 작용 •

우리의 가장 좋은 친구

현대인이 등장하기 전에는 리트리버나 푸들 같은 개들이 존재하지 않았어요. 애완견은 인간과 함께 살도록 아주 근래에 진화하여 적응한 일종의 늑대예요.

친해지기

선사시대에 늑대는 인간의 적이었어요. 위험하기도 하고, 또 사슴 등 사람이 이용하는 동물을 사냥했어요. 그래서 사람들은 늑대를 죽이기도 하고 쫓아 버리기도 했을 거예요.

그러다가 아마도 3만 년이나 4만 년 전에 일부 늑대가 사람들과 가까이 살기 시작했어요. 늑대가 먼저 사람들의 정착지 안으로 들어왔는지, 아니면 사람이 먼저 늑대를 잡아 훈련시켰는지 아무도 확실하게 알지 못해요. 어쩌면 둘 다일 수도 있어요. 인간과 늑대는 가까이 지내면서 서로 이익을 얻었어요.

- 늑대에게 좋은 점 -

늑대가 인간을 따라다니면 인간이 사냥한 것을 뒤처리할 수 있어요.

늑대는 아마도 인간의 마을에서 쓰레기나 뼈를 뒤졌을 거예요. 무섭고 공격적인 늑대는 쫓아냈을 거예요. 그렇지만 순하고 다정한 늑대는 머무르게 두었을 거예요.

- 인간에게 좋은 점 -

인간은 늑대들을 보면서 여럿이 힘을 합쳐 사냥감을 쫓고 사냥하는 법을 배울 수 있었을 거예요. 어쩌면 늑대들과 같이 사냥하다가 가장 순한 늑대를 데리고 사냥을 다니기 시작했을 거예요. 마을에서는 쓰레기를 치우고 쥐 같은 해로운 동물을 없애 주는 늑대가 쓸모가 있었을 거예요.

정말로 순한 늑대라면 인간에게 바짝 붙어서 따뜻하게 해 주었을 거예요. 그러다가 인간은 늑대를 집에 받아들였을 거예요.

• 진화 작용 •

개로 진화

진화는 생물 종에게 살아남는 데 도움이 되는 특징이 있을 때 일어난답니다. 늑대가 인간과 살 때 도움이 되는 특징은 다음과 같을 거예요.
- 순하고 다정한 성격
- 훌륭한 사냥 솜씨
- 잘 배우는 능력

인간은 이런 특징이 있는 늑대를 데리고 있으면서 새끼를 낳도록 도왔을 거예요. 시간이 가면서 늑대는 사람을 사랑하고 사람에게 충성하는 애완견으로 진화했어요. 냄새를 잘 맡는다든가 털이 물에 젖지 않는 등 일정한 특징이 있는 개를 골라 생식시키면서 갖가지 품종의 개가 생겨났어요.

인간의 일을 도와줘요

인간과 개는 몇 만 년 동안 함께 진화해 왔어요. 바로 그 덕분에 우리는 개와 그렇게 가까운 관계를 맺고 있는 거랍니다. 함께 생활하는 것 말고도 우리는 개들을 훈련시켜 여러 가지 일을 돕게 해요. 예컨대 시각 장애인을 안내하게 하고, 경찰을 돕고, 가축을 몰고, 지진 피해자를 수색하는 등의 일을 하지요.

개는 우리가 하는 말과 몸짓을 이해해요.

일하는 개는 인간을 도와요.

우리는 개가 짖거나 꼬리를 흔드는 등 개의 몸짓을 이해해요.

인간과 개는 함께 살면서 서로 아끼고 사랑해요.

63

• 진화 작용 •

우리의 놀라운 두뇌

여러분이 지금 하고 있는 일을 생각해 봐요. 책에 인쇄된 글을 들여다보고, 글의 낱말을 이해하고, 그게 무슨 뜻인지 생각하고 있어요. 우리가 아는 한 이렇게 할 수 있는 생물은 인간뿐이에요. 그건 우리에게 강력한 뇌가 있기 때문이에요. 진화의 가장 놀라운 결과 중 하나랍니다.

두뇌의 힘

생물은 커다란 발톱, 예리한 가시, 하늘을 나는 능력 등 살아남는 데 도움이 되는 특징이 진화해요. 인간도 마찬가지로 진화하지만, 우리에게 가장 쓸모 있는 특징은 지능이에요. 우리는 머리를 써서 살아남고, 무리 지어 힘을 합쳐 살아남도록 진화했어요.

그 결과 우리의 뇌는 그 어떤 동물보다도 복잡하게 진화했답니다. 우리는 뇌를 사용하여 주위 상황을 알아차리고, 우리 몸을 움직이고, 사물을 이해하고, 결정을 내리고 궁리를 하고, 정보와 기억을 저장해요. 또 말도 할 수 있어서 우리의 지식과 생각을 서로에게 전달하는 데 도움이 돼요.

인간의 뇌에는 뇌세포가 9백억 개 정도 있고 뇌세포끼리 서로 연결되는 통로는 몇 조 개나 돼요.

도구 사용하기

원시 인간은 두 발로 걷기 시작하면서 손이 자유로워졌기 때문에 물건을 만들고 도구를 사용할 수 있게 됐어요. 인간은 물건을 잘 만들 수 있었으므로 살아남는 데 유리했어요. 무리를 지어 살았으니 서로 생각을 주고받을 수 있다는 것도 편리했어요.

2백만 년 전 원시 사람족인 호모 하빌리스는 돌 도구를 사용하여 커다란 동물의 가죽을 벗기고 살을 잘라 냈어요.

사냥꾼은 함께 협력하여 사냥감을 뒤쫓아 가 잡았어요.

• 진화 작용 •

점점 커지는 뇌

인간 중에서도 손을 능숙하게 사용하고 문제를 잘 해결하고 생각을 잘 전달할 수 있는 영리한 사람은
자연선택에 따라 살아남는 데 유리했어요. 이에 따라 시간이 가면서 뇌가 진화하여 점점 더 커지고 강력해졌어요.

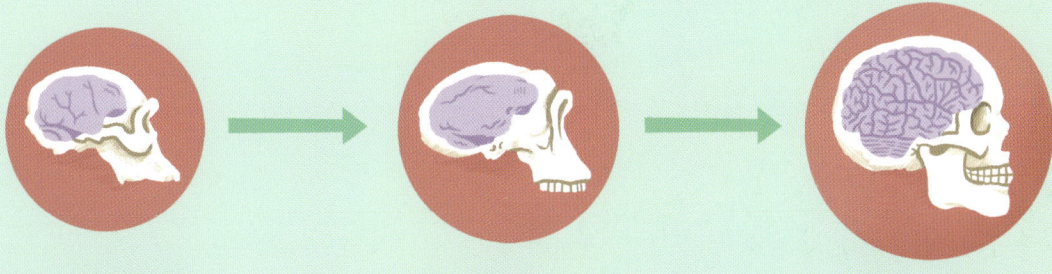

인간은 수백만 년이 지나는 동안 뇌가 커지면서 머리뼈도 커졌어요.

오스트랄로피테쿠스
인간에 가까운 원시 유인원
(4백만~2백만 년 전)

호모 하빌리스
원시인
(2백10만~1백50만 년 전)

호모 사피엔스
현대인
(30만~20만 년 전부터 지금까지)

뇌가 더 강력해지자 우리는 사냥 도구를 만들고 사냥 계획을 세우고 먹을거리, 특히 고기를 더 많이 얻을 수 있었어요. 우리는 또 음식을 요리하여 고기를 더 먹기 좋게 만드는 법을 배웠어요. 고기를 더 먹을 수 있었으므로 단백질과 에너지를 더 많이 얻었어요. 그 덕분에 다시 뇌가 더욱 진화했어요. 복잡한 뇌로 자라나 활동하려면 단백질과 에너지가 많이 필요하니까요. 게다가 뇌가 진화하면서 뇌의 몇몇 부분은 그림처럼 특히 더 복잡해졌어요.

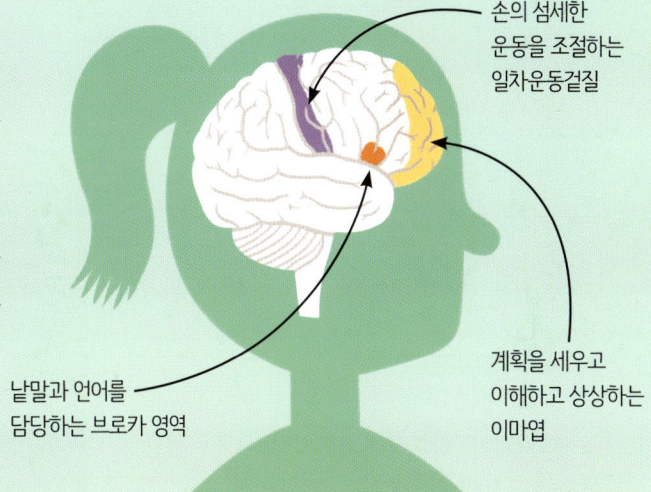

손의 섬세한 운동을 조절하는 일차운동겉질

낱말과 언어를 담당하는 브로카 영역

계획을 세우고 이해하고 상상하는 이마엽

머리가 크다고요?

인간은 영리하지만 인간의 뇌가 세상에서 가장 크지는 않아요. 뇌 크기 1등은 향고래예요. 비치볼만 하답니다. 그렇지만 뇌가 크다고 해서 지능이 꼭 높은 건 아니에요. 다음과 같은 것이 더 중요해요.

몸 크기와 뇌 크기의 비율

인간의 뇌는 우리와 몸 크기가 비슷한 동물들의 평균보다 훨씬 더 커요.

뇌의 주름

뇌에서 생각하는 부분은 겉질이라는 겉부분이에요. 거기 주름이 많을수록 표면적이 넓고 따라서 뇌세포가 많아요. 그러므로 영리한 동물은 뇌에 주름이 더 많아요!

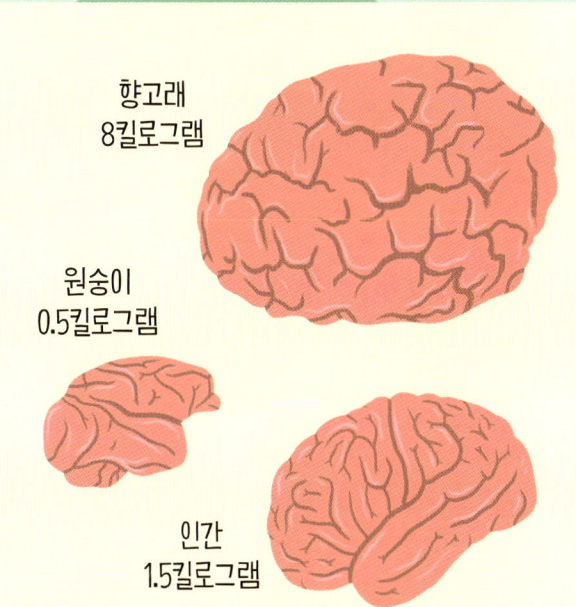

향고래
8킬로그램

원숭이
0.5킬로그램

인간
1.5킬로그램

·진화 작용·
우리는 지금 진화하고 있을까요?

전 세계의 모든 생물은 지금도 진화하고 있어요. 인간도 마찬가지예요. 생식할 수 있는 한, 그리고 개체 사이에 차이점이 있는 한 그 생물 종은 진화할 수 있답니다.

달라지는 나방

회색가지나방은 최근 일어난 진화를 잘 보여 주는 유명한 나방이에요. 회색가지나방에는 밝은색 종류와 어두운색 종류가 있어요. 수십 년이 지나는 사이에 날개 색이 어두운 유전자가 더 흔해졌고, 그래서 이 나방은 주로 어두운색이 됐어요. 그렇게 바뀐 사연은 다음과 같답니다.

① 3백 년 전 회색가지나방은 대부분 밝은색이었어요. 이 나방이 주로 앉는 곳이 자작나무라서 잘 위장할 수 있었고, 따라서 포식자들을 잘 피할 수 있었죠.

② 그보다 드물지만 어두운색 나방도 있었어요. 자작나무에 앉으면 눈에 띄기 때문에 새들에게 쉽게 잡아먹혔어요.

③ 19세기 유럽에서는 갈수록 석탄을 연료로 많이 사용했어요. 석탄을 태울 때 나오는 그을음 때문에 벽이라든가 나무줄기가 시커메졌어요. 이제 어두운색 나방이 밝은색 나방보다 더 잘 위장했어요. 밝은색 나방은 새들에게 더 쉽게 잡아먹혔어요.

④ 어두운 회색가지나방이 더 많이 살아남아서 새끼들에게 유전자를 물려주었고, 그래서 회색가지나방은 대부분 어두운색이 됐어요.

· 진화 작용 ·

진화하는 인간

나방에 비하면 인간은 자라서 아기를 낳기까지 훨씬 오래 걸려요. 그래서 우리는 진화하는 속도가 느리죠. 그렇지만 과학자는 우리의 유전자를 연구하여 어떻게 변화하고 있는지 알아낼 수 있어요. 그래서 우리가 여러 가지 방식으로 진화하고 있다는 걸 알 수 있어요.

우유 소화

엄마 젖을 소화할 때 아기는 젖당분해효소라는 몸속 화학물질을 이용해요. 오래전 원시인은 커서 아이가 되면 이 효소를 더 이상 만들지 않았어요. 하지만 젖을 얻는 젖소 같은 동물을 사람이 기르기 시작하자 동물 젖을 먹는 편이 살아남기 위해서는 유리해졌어요. 그래서 젖을 얻기 위한 동물을 널리 기르는 지역 사람은 대부분 어른이 되어서도 몸에서 젖당분해효소를 만들도록 진화했고, 그래서 지금은 동물 젖을 마실 수 있게 됐어요.

사랑니

사랑니는 입 안쪽 끝에 나는 커다란 어금니예요. 그러나 입 안에 사랑니가 날 자리가 없는 사람이 많기 때문에 이들은 이 이를 뽑아야 해요. 원시인은 생고기를 씹어 양분을 얻는 데 사랑니가 도움이 됐어요. 지금은 다들 주로 익힌 음식과 즉석식품을 먹기 때문에 사랑니가 없어도 살아갈 수 있어요. 우리 입은 점점 작게 진화하고 있고, 또 오늘날에는 아예 사랑니가 나지 않는 사람도 있답니다.

보호 유전자

말라리아라는 무서운 병 때문에 사람이 많이 죽은 지역에서는 말라리아를 이겨 내는 유전자가 점점 더 흔해지고 있어요. 자연선택이란 우연히 유리한 유전자를 지니고 있는 사람이 더 오래 살면서 아이를 낳아 자신의 유전자를 전해 준다는 뜻이에요.

장딴지빗근

다리에 있는 장딴지빗근은 발을 뻗는 데 쓰이는 근육이에요. 발로 물건을 쥘 때 이 근육을 사용하는 동물이 있지만, 인간은 사실 이 근육이 전혀 필요하지 않아요. 이제 우리는 이 근육이 없어지는 쪽으로 진화하기 시작했고, 그래서 10퍼센트 정도는 이 근육이 없이 태어난답니다.

인간의 미래

과학자는 인간이 다음처럼 여러 가지로 진화할 수 있다고 생각해요.

- 해수면이 높아지고 세계가 더 물에 잠기면 우리는 수영하고 숨을 참는 능력이 나아질 수 있어요. 그리고 손가락과 발가락에 물갈퀴가 진화할지도 몰라요.
- 근육이 줄어들 수 있어요. 현대 세계에서는 힘이 그다지 많이 필요하지 않으니까요.
- 몸에서 설탕을 더 잘 처리하도록 진화할 수 있어요. 현대인의 식사에서 큰 비중을 차지하니까요.

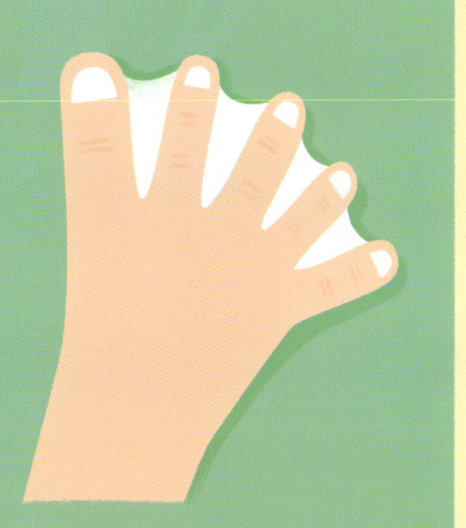

신기한 진화
알아 두면 유익한 사실들

수많은 동식물은 여러 세기가 지나는 동안 신기한 신체적 특징을 가지도록 진화했어요. 이제부터는 그 몇 가지 예를 살펴보기로 해요.

- 미생물 -

미생물은 너무나도 작아서 대체로 현미경으로만 볼 수 있는 단세포생물이에요. 지구상에서 처음으로 진화한 최초의 생물체는 단세포생물이었어요. 오늘날 박테리아를 비롯한 미생물은 수천 종이 있어요. 그중 많은 수가 다른 생물을 감염시켜 병을 일으킬 수 있는 병균이지만 우리에게 쓸모가 있는 것도 많아요.

- 식물 -

식물은 빛 에너지를 이용하여 스스로 먹이를 만들고 자라는데, 이 작용을 광합성이라고 해요. 식물은 사냥하거나 먹이를 찾아다닐 필요가 없는 만큼 주로 흙 속에 뿌리를 내리고 한 군데에 머물러 있어요. 지구상의 동물은 대부분 식물이 반드시 필요해요. 식물을 먹는 동물에게 먹이가 되고, 그 동물은 다시 고기를 먹는 동물의 먹이가 돼요. 식물이 없으면 인간은 존재할 수 없는 것이 확실하답니다.

- 균류 -

식물로 취급되는 때도 있지만, 균류는 빛이 없어도 살 수 있기 때문에 식물과는 다른 생물이에요. 균류는 빛이 아니라 다른 생물이나 생물의 사체를 먹고 살아요. 식용버섯이나 독버섯도 균류에 속하지만, 그 밖에도 곰팡이나 효모 등 여러 종류가 있어요.

- 무척추동물 -

척추 즉 등뼈가 없는 동물을 무척추동물이라고 해요. 이들은 대개 아예 뼈가 없지만, 껍데기라든가 외골격이라는 단단한 외피가 있는 것들도 있어요. 무척추동물에는 곤충, 지렁이, 달팽이 같은 작은 동물이 많아요. 그렇지만 어떤 무척추동물은 매우 크게 자랄 수 있어요. 특히 해파리나 오징어 같은 바다 생물이 그렇답니다.

• 신기한 진화 •

- 어류 -
거의 모든 어류는 주로 물속에서 살고 물속에서 숨을 쉬기 위한 아가미가 있어요.
이들은 척추동물이어서 등뼈와 뼈대가 있어요. 지느러미나 꼬리,
또는 둘 다 이용해서 헤엄쳐요.

- 양서류 -
개구리, 두꺼비, 도롱뇽 같은 양서류는 처음에는 물속에서 살아요.
그렇지만 부화해서 자라고 나면 대부분 공기를 호흡할 수 있는 허파가
발달하기 때문에 땅 위에서도 살 수 있어요. 물속으로 돌아가서 알을 낳아요.

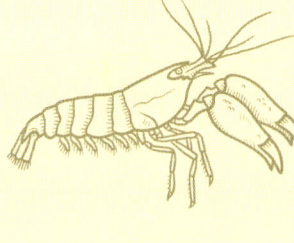

- 파충류 -
파충류에게는 비늘이 있고 대개는 다리가 넷 달려 있어요. 도마뱀, 거북이, 악어 등이
파충류예요. 오늘날 멸종하고 없는 공룡이나 익룡도 파충류였어요. 파충류는
대부분 찬피동물이어서, 체온을 유지하려면 주위로부터 열을 받아들여야 해요.
그래서 추운 지방에서는 잘 볼 수 없답니다.

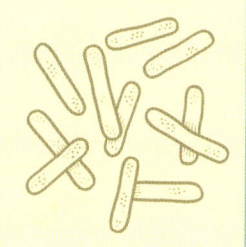

- 조류 -
척추동물 중 가장 흔한 동물은 조류 즉 새예요. 깃털로 공기를 막을 수 있어서,
공기저항을 이용하여 공중으로 날아오를 수 있을 뿐 아니라 체온도 유지할 수 있어요.
조류는 또 부리가 있고, 껍질이 단단한 알을 낳아요. 더운피동물이어서
체온을 스스로 알맞게 유지할 수 있어요.

- 포유류 -
포유류는 더운피동물이고 대개 털이 많이 나 있어요. 개, 쥐, 코끼리, 원숭이 등
우리에게 익숙한 동물 중에는 포유류가 많아요. 고래나 돌고래처럼 바다에서 사는
포유류도 있어요. 포유류는 대부분 자기 몸에서 나오는 젖을 새끼에게 먹여 기른답니다.

• 신기한 진화 •
상상을 초월하는 미생물

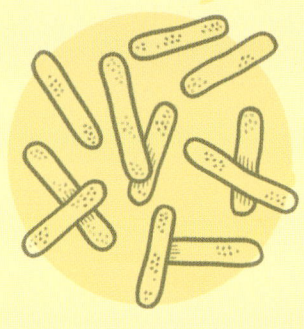

장 박테리아
우리의 큰창자 안에는 장 박테리아 수십억 마리가 살고 있어요. 장 박테리아는 인간과 공진화하여, 음식물 속의 섬유질을 먹고 우리 몸을 건강하게 유지하는 데 도움이 되는 화학물질을 만들어 내요.

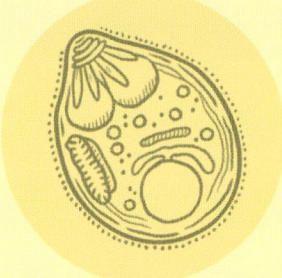

말라리아원충
단세포 미생물인 말라리아원충은 모기 몸 안에서 살도록 진화했어요. 모기가 사람을 물면 사람 몸 안으로 들어와 말라리아라는 무서운 질병의 원인이 돼요.

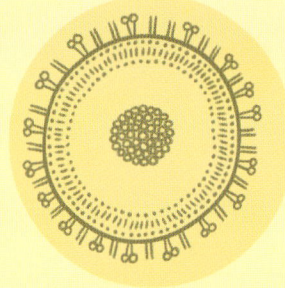

독감 바이러스
바이러스는 다른 생물을 감염시켜 그 안에서 살도록 적응한 작디작은 미생물이에요. 독감 바이러스는 독감이라는 질병을 일으켜요.

경이로운 식물

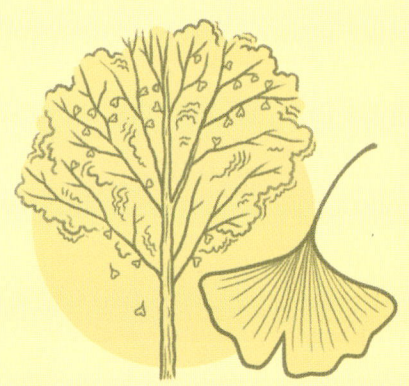

은행나무
은행나무는 2억7천만 년 전에 진화했는데 생존 능력이 매우 뛰어나요. 1945년 일본 히로시마에 핵폭탄이 떨어졌을 때도 일부가 살아남았을 정도예요.

꿀벌란
이 신기한 난초는 꽃이 암컷 꿀벌과 비슷한 모양으로 진화했어요. 수컷 꿀벌이 여기 이끌려 날아오면서 꽃가루받이가 이루어져요.

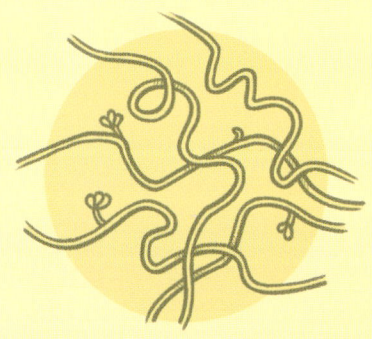

새삼 덩굴
덩굴식물인 새삼은 다른 식물에 매달려 그 식물을 빨아 먹고 살도록 진화한 기생생물이에요. 가장 좋아하는 식물의 냄새를 맡고 그쪽을 향해 자라난답니다.

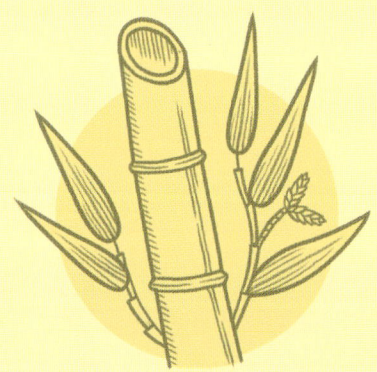

대나무
대나무는 이름은 나무지만 거대한 크기로 자라나도록 진화한 풀이에요. 어떤 종은 하루에 90센티미터라는 믿기 어려운 속도로 자라요!

미국삼나무
키가 115미터까지 자라는 이 거대한 상록수는 세계에서 가장 큰 나무예요. 2천 년 이상 살 수 있는 데다 불에 타도 다시 자랄 수 있게끔 적응했어요.

• 신기한 진화 •
괴장한 균류

붉은바구니버섯
이 신기한 독버섯은 붉은 바구니처럼 생겼어요. 썩어 가는 고기 냄새를 풀풀 풍겨 파리와 딱정벌레가 모여들고, 이들이 홀씨(포자)를 퍼트려 더 많은 버섯이 자라나요.

잣뽕나무버섯
균류는 균사라는 뿌리로 땅속에서 서로 연결되어 무리 지어 자라는 게 많아요. 미국 오리건주에는 잣뽕나무버섯 하나가 9제곱킬로미터에 걸쳐 퍼져 자라고 있어서 '괴물 버섯'이라는 별명이 붙었답니다.

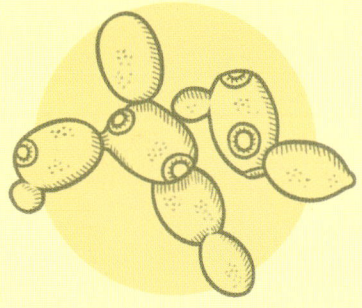

효모
빵을 만들 때 쓰이는 효모는 일종의 단세포 균류인데 설탕을 먹도록 적응했어요. 설탕을 먹으면서 이산화탄소를 내놓는데 이 때문에 반죽이 부푸는 거랍니다.

엄청난 무척추동물

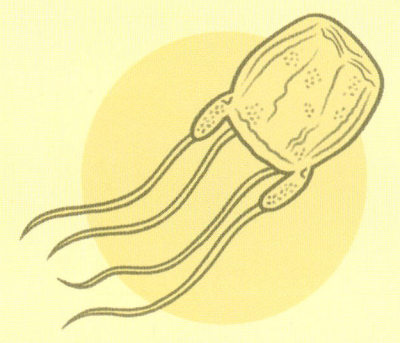

상자해파리
상자해파리는 동물 중 가장 강력한 독을 가지고 있어서 바다의 말벌이라는 별명으로도 불러요. 독을 이용하여 먹이를 죽이거나 포식자를 막아요.

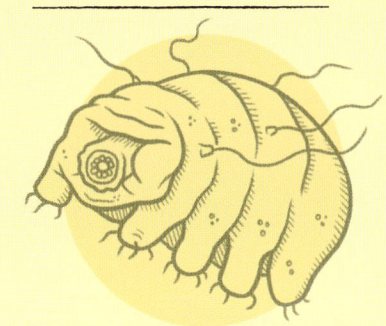

물곰
몸길이 0.1~1밀리미터로 작디작은 물곰은 극한의 열기나 추위, 굶주림, 메마름, 독, 방사능, 심지어 외계의 진공까지도 견딜 수 있도록 적응한 최강의 생존자예요.

히말라야깡충거미
최고 6천7백 미터 고도에서도 살 수 있도록 적응한 이 작디작은 히말라야깡충거미는 세계에서 가장 높은 곳에서 사는 동물일 거예요. 낮은 산지에서 날려 올라온 곤충을 잡아먹어요.

제왕나비
매년 북아메리카에서는 제왕나비 수백만 마리가 머나먼 거리를 날아 자기 조상들이 부화한 나무를 찾아가요. 그렇지만 이 나비들이 방향을 어떻게 찾아내는지는 아직 아무도 알아내지 못했어요.

딱총새우
작디작은 딱총새우는 특별하게 진화한 커다란 집게발에 있는 집게를 여닫으며 어마어마하게 큰 소리를 내요. 이 충격파를 쏘아 작은 물고기를 죽이거나 기절시킨답니다.

참문어
참문어는 피부 색깔과 질감과 모양을 몇 초 만에 바꾸는 능력을 갖도록 진화했어요. 그래서 순식간에 모래나 바위나 바닷말로 위장할 수 있어요.

• 신기한 진화 •
신기한 어류

먹장어
먹장어는 포식자를 효과적으로 막아 낼 방법을 발달시켰어요. 화학물질을 내놓아 물을 끈끈하고 뻑뻑하게 만들어 포식자의 입과 아가미를 막는 거예요. 그런 다음 자기 몸에 묻은 끈끈한 점액은 자기 몸을 매듭처럼 꼬아 훑어 낸답니다.

날치
날치는 지느러미가 날개처럼 작동하도록 진화했어요. 위험해지면 물 밖으로 뛰어올라 공중으로 날아가는데, 400미터까지도 날아가요.

흰점박이복어
수컷 흰점박이복어는 자기 몸을 이용하여 바다 밑 모래 바닥에 둥근 무늬를 만들어요. 암컷이 그 무늬를 보고 마음에 들면 거기에 알을 낳아요. 둥근 무늬를 가장 잘 만드는 수컷이 짝짓기를 하여 새끼들에게 유전자를 전해 줄 수 있기 때문에 일종의 성선택이에요.

통안어
희한하게 생긴 통안어는 머리의 투명한 돔 안에 커다란 대롱처럼 생긴 눈이 있는데, 이 눈을 위나 앞을 향하도록 움직일 수 있어요! 그래서 사냥감을 찾아 넓은 영역을 볼 수 있으면서도 눈을 보호할 수 있답니다.

공작넙치
공작넙치는 위장술로 유명해요. 바다 밑바닥의 모래, 바위 산호 등에 어울리게 몸 색깔을 바꿀 수 있어요. 과학적으로 실험했더니 흰색과 검은색으로 이루어진 체스판 무늬까지도 흉내 낼 수 있었어요.

해마
해마는 어류지만 머리는 말처럼 생기고 몸을 곧추세우도록 진화했어요. 암컷은 수컷 몸에 있는 주머니 안에 알을 낳고, 수컷은 알이 부화할 때까지 알을 지켜요.

대왕쥐가오리
대왕쥐가오리의 '날개'는 7미터까지나 자랄 수 있답니다. 이렇게나 거대한데도 이들은 물 밖으로 높이 날아오를 수 있어요. 서로에게 신호를 보내려고 그러는 것 같기도 해요.

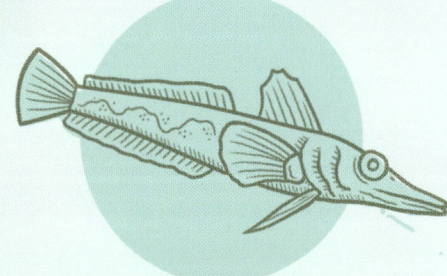

남극빙어
남극빙어는 남극의 차가운 바다에서 살아요. 몸이 거의 투명한 데다 혈액세포가 없기 때문에 피도 투명해요. 과학자는 이것이 우연한 돌연변이 때문일 거라고 생각하고 있어요.

아프리카호랑이고기
커다랗고 사나운 호랑이고기는 아프리카의 강과 호수에서 살아요. 주로 작은 물고기를 잡아먹지만, 일부는 물 밖으로 뛰어올라 공중에서 새들을 낚아챌 수 있도록 진화했어요.

• 신기한 진화 •

놀라운 양서류

황금독화살개구리
남아메리카 콜롬비아의 황금독화살개구리는 세상에서 가장 독성이 강한 동물에 속해요. 독이 있는 동물이 대개 그렇듯 이 개구리도 밝은 '경고색'을 띠고 있어서 포식자들이 함부로 잡아먹지 못한답니다.

중국장수도롱뇽
강에서 사는 이 동물은 세계에서 가장 큰 양서류예요. 몸길이가 최고 1.8미터나 된답니다. 물에서 사는 작은 동물을 잡아먹고, 피부를 통해 다른 동물의 움직임을 감지할 수 있도록 진화했어요.

아프리카왕두꺼비
중앙아프리카 숲속 강둑 근처에서 사는 이 커다란 두꺼비는 낙엽과 매우 비슷하게 위장하도록 진화했어요.

남다른 파충류

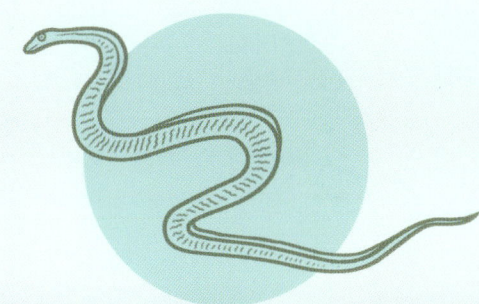

날뱀
동남아시아 숲속에는 배 부분의 비늘을 이용해 나무를 타고 높은 나뭇가지로 올라간 다음, 거기서 몸을 납작하게 하여 공중을 '헤엄'쳐 다니는 날뱀이 있어요.

바다뱀
바다뱀은 바다에서 살도록 진화했어요. 꼬리가 노처럼 생겨 헤엄치기 쉽고, 수면 위로 올라와 공기로 숨을 쉰답니다. 그중 벨처바다뱀 같은 것은 맹독을 지니고 있어요.

긴목거북
오스트레일리아에서 사는 이 거북은 목이 몸통보다 길어 거의 뱀처럼 보일 정도로 진화했어요. 사냥감을 찾는 동안에는 등딱지 안에 목을 움츠려 넣어 두었다가 번개처럼 목을 뻗어 사냥감을 잡아요.

바다악어
대부분의 악어와는 달리 바다악어는 강어귀나 아예 바다에서 살도록 진화했어요. 바다악어는 상어, 사슴, 캥거루, 심지어 호랑이까지도 잡아먹는답니다.

카멜레온
카멜레온은 나뭇가지를 잡기 쉽도록 발이 집게 모양으로 진화했어요. 그리고 길고 끈끈한 혀를 번개처럼 내쏘아 사냥감을 잡아요. 눈을 돌려 360도를 볼 수 있어요.

토케이도마뱀붙이
도마뱀붙이는 어떤 곳이든 기어오를 수 있어요. 커다란 발가락에 '강모'라고 하는 작디작은 털이 수백만 개씩이나 있어서 표면을 단단히 붙을 수 있답니다.

• 신기한 진화 •
기발한 조류

화식조
타조나 화식조 등 몸집이 크고 날지 못하는 새들은 파충류와 가장 가까운 친척이에요. 화식조는 몸 생김새도, 무섭게 생긴 커다란 발도 벨로키랍토르 같은 두발공룡과 닮았어요.

뻐꾸기
뻐꾸기는 다른 새들을 속여 자기 새끼를 기르게 하도록 진화했어요. 다른 새들의 둥지에 가서 원래 있는 알을 둥지 밖으로 밀어 떨어뜨린 다음 자기 알을 낳아요. 그래서 둥지 주인 새는 알이 부화하면 뻐꾸기 새끼를 기르죠. 자기보다 몸집이 더 커지는데도 계속 기른답니다.

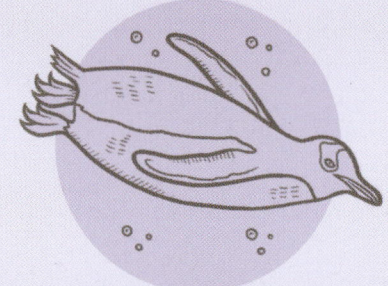

젠투펭귄
펭귄은 바닷새예요. 날지는 못하지만 날개가 지느러미로 진화해서 물속 날개처럼 움직여요. 젠투펭귄은 시속 35킬로미터까지 속도를 낼 수 있어요.

터키독수리
독수리는 동물 사체를 먹고 살아요. 대머리가 된 것은 사체 속으로 머리를 밀어 넣어도 깃털이 더러워지지 않도록 진화한 거예요. 또 더울 때 머리를 식히는 데도 도움이 될 거예요.

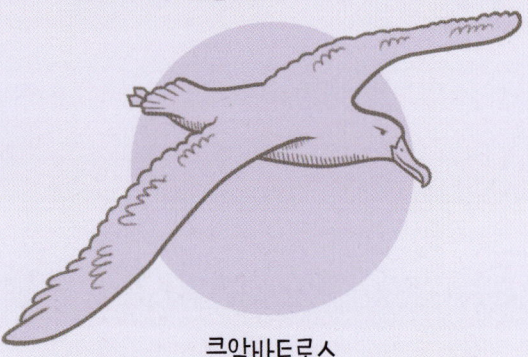

큰알바트로스
이 거대한 흰색 바닷새는 그 어느 새보다도 날개 길이가 길어요. 최고 3.5미터나 된답니다. 날개가 좁고 길어서 매우 잘 활공해요. 바다에서 한 번에 몇 달씩 몇 년씩 지내고, 먹이를 찾아 수천 킬로미터를 날아다니다가 바닷물에 내려앉아 쉬어요.

큰거문고새
오스트레일리아의 큰거문고새는 다른 새나 동물뿐 아니라 사람이 내는 소리까지 흉내 내는 걸로 유명해요. 수컷은 성선택을 통해 이 능력이 진화했어요. 가장 흉내를 잘 내는 수컷이 짝짓기 상대를 더 잘 찾아내거든요.

큰홍학
홍학은 다리가 놀라울 정도로 가늘고 길게 진화했어요. 이렇게 긴 다리로 호수나 강어귀, 늪, 개펄 등 물이 얕은 곳에 서서 물속에 머리를 거꾸로 넣어 먹이를 찾아 먹어요.

회색앵무
커다란 회색앵무는 지능이 높고 똑똑해서 인간의 낱말을 매우 잘 배워요. '알렉스'라는 이름이 붙은 어느 회색앵무는 1백 개가 넘는 낱말을 익혔을 뿐 아니라 숫자와 색깔까지 이해할 수 있었어요.

금화조
오스트레일리아와 동남아시아에서 사는 금화조는 노래를 잘 불러요. 어린 수컷은 아빠나 다른 수컷 어른으로부터 노래를 배우고, 그러는 과정에서 자기만의 가락을 만들어 넣어요. 그래서 시간이 가면서 노래 자체가 진화한답니다.

• 신기한 진화 •
불가사의한 포유류

기린
기린의 긴 목은 높다란 나뭇가지에서 먹이를 찾기 유리하도록 진화했어요. 목 길이가 2미터를 넘는 기린도 있지만 인간과 다름없이 딱 일곱 개의 뼈로 이루어져 있어요.

오리너구리

오리너구리는 알을 낳는 특이한 포유류인 단공류에 속해요. 새끼가 부화하면 어미는 일반 포유류와 다름없이 새끼에게 젖을 먹여요. 대부분의 포유류와는 달리 오리너구리에게는 부리가 달려 있어요.

뛰는쥐

아시아 사막에서 사는 이 뛰는쥐는 수렴진화를 통해 캥거루와 비슷하게 진화했어요. 깡충깡충 뛰기 위한 커다란 뒷다리와 균형을 위한 긴 꼬리가 있어요. 또 물을 마시지 않고도 살아갈 수 있도록 적응했는데, 필요한 수분은 모두 이들이 먹는 식물로부터 얻는답니다.

아이아이

아이아이는 아프리카의 마다가스카르에서 사는데 일종의 작은 여우원숭이예요. 두 손의 가운뎃손가락이 특히 가늘고 길어서 그걸로 나무 구멍 안에 숨어 있는 곤충 애벌레를 잡아요.

멕시코자유꼬리박쥐

박쥐는 포유류 중 유일하게 하늘을 나는 능력을 갖도록 진화했어요. 멕시코자유꼬리박쥐는 매우 많은 수가 무리를 이루어 살아요. 음파 탐지를 이용해서 사냥감을 찾아내는데, 음파 탐지란 소리를 내보내 그것이 물체에 반사되어오는 소리를 듣고 물체를 찾아내는 방법이에요.

범고래

범고래는 바다에서 살아가도록 진화한 포유류의 한 가지예요. 머리에 나 있는 분수공이라는 콧구멍으로 공기를 숨 쉬어요. 범고래는 지능이 매우 높고, 틱틱 하는 휘파람 소리로 서로 신호를 주고받아요.

세발가락나무늘보
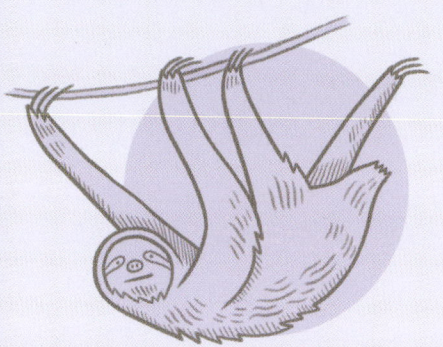
중앙아메리카와 남아메리카에서 사는 나무늘보는 느릿느릿 움직이는 걸로 유명해요. 힘을 아끼는 거죠. 털에서 자라도록 공진화한 이끼 때문에 푸르스름해 보이는 때가 많아요. 그래서 더 쉽게 위장할 수 있어요.

코알라

오스트레일리아에서 사는 코알라는 갓 태어난 새끼를 배 부분에 있는 피부 주머니 안에서 기르는 유대류예요. 이들은 유칼립투스 잎을 먹도록 적응했는데, 다른 동물들은 독성 때문에 이 나무의 잎을 먹지 못한답니다.

눈표범

눈표범은 중앙아시아의 눈 덮인 산간 지방에서 살아요. 추위에 견딜 수 있게 털이 촘촘하게 나도록 진화했는데 발에도 털이 나요. 그리고 연회색 털에 갈색 반점이 나 있어 완벽하게 위장할 수 있어요.

용어 해설

게놈 (참조) 유전체

겹눈 작은 눈이 매우 많이 모여 만들어지는 동물 눈의 일종.

경쟁 둘 이상의 생물이나 종이 먹이나 짝짓기 상대 등을 상대방보다 더 많이 차지하기 위해 애쓰는 것.

고생물학 화석 또는 화석에서 알 수 있는 선사시대 생물을 연구하는 학문.

공진화 둘 이상의 생물 종이 서로 돕거나 서로 이익을 얻도록 진화하는 것.

광물 금속이나 수정, 규소 등 자연에서 나는 물질로서, 생물이 만든 것이 아니며 규칙적인 구조를 띤다.

광수용체 생물이 빛을 감지하는 세포나 기관.

군체 꿀벌처럼 함께 생활하면서 서로 도와 생존하는 동물 무리.

균사 균류가 양분을 얻기 위해 그물처럼 뻗는 실뿌리 같은 것의 집합체.

기(지질시대) 쥐라기 등 지질시대를 작게 구분하는 단위.

기문 곤충이나 거미 같은 종류 동물의 몸에 나 있는 숨구멍.

기생생물 다른 생물 안이나 다른 생물에 붙어살면서 그 대가로 아무런 도움도 주지 않는 생물.

기후 어떤 곳이나 지역에서 일반적으로 나타나는 날씨 조건.

꽃가루 꽃에서 만드는 노란 가루로서, 씨앗을 만들 때 필요한 수컷 식물세포.

꽃가루받이 꽃을 피우는 식물이 씨앗을 만들 수 있도록 암술머리에 꽃가루가 붙는 것.

꽃꿀 식물이 다른 동물을 끌어들여 꽃가루받이하기 위해 꽃에서 만드는 달콤한 액체.

네발동물 원시 어류로부터 양서류, 파충류, 조류, 포유류로 진화한 네발 달린 척추동물.

누대(지질시대) 명왕누대 등 지질시대를 매우 크게 구분하는 단위.

단궁류 육지에 완전히 적응한 척추동물로 머리뼈에 활 모양의 가느다란 뼈가 있는 동물.

단백질 생물의 몸에서 신체 부위와 조직을 만드는 데 이용되는 화학물질의 일종.

대(지질시대) 중생대 등 지질시대를 중간 정도로 구분하는 단위.

대뇌겉질 대뇌에서 가장 겉에 있는 층으로서 감각과 정보 처리를 담당하는 부분.

대량 멸종 짧은 기간에 비정상적으로 많은 수의 종이 멸종하는 것.

돌연변이 세포에서 DNA가 복제될 때 우연히 일어나는 변화. 생물 사이에 차이가 나타나는 원인이 된다.

멸종 한 종이 소멸하여 더 이상 존재하지 않는 것.

무악류 턱이 없는 척추동물.

무척추동물 등뼈가 없는 동물.

미생물 현미경으로만 볼 수 있는 매우 작은 생물.

바이러스 대부분의 박테리아보다 훨씬 작은 미생물의 일종. 생물의 세포를 공격하여 생식한다.

박테리아 거의 모든 서식지에서 발견되는 매우 작은 단세포 미생물.

변이 같은 종에 속하면서도 유전자와 DNA가 달라 개체 사이에 서로 차이가 생겨나는 것.

분류 생물을 종류와 무리에 따라 체계적으로 구분하는 일.

분자 둘 이상의 원자가 무리 지은 것.

분화(생물) 원래의 종으로부터 새로운 종이 가지 쳐 나가는 것.

비막 하늘을 날거나 활공하는 척추동물의 날개 역할을 하는 피부로 된 막. 주로 앞다리부터 몸통과 뒷다리로 이어진다.

사람족 현대인이나 그 조상에 해당하는 호모 종과 오스트랄로피테쿠스 종 전체.

생물학 생물에 관해 연구하는 학문.

생식 새끼를 낳거나 씨앗을 만드는 등 생물 종이 자기 자신을 복제하는 것.

생태계 생물이 사는 서식지 또는 주위 환경과 그 안에서 살아가는 생물 공동체.

생태적 자리 생태계 안에서 차지하는 특정 위치나 역할.

생흔화석 공룡 발자국 등 생물이 남긴 자국이나 흔적으로 이루어진 화석.

서식지 어떤 생물이나 생물 종이 자연 속에서 살아가는 곳이나 환경.

선사시대 사람이 역사 기록을 시작하기 이전 시대.

성선택 진화에서 짝짓기 상대에게 가장 좋은 인상을 주는 개체가 선택되는 것. 따라서 그 개체가 생식에 성공할 가능성이 가장 높다.

세포 생물이 만들어져 있는 작디작은 구성단위. 단세포생물은 세포 하나로 이루어져 있다.

소행성 태양 주위를 도는 천체로 작은 바위로 되어 있다.

손가락 동물 앞다리의 손가락 또는 손가락과 비슷한 부분.

수렴진화 종류가 다른 둘 이상의 생물 종이 서로 비슷한 모양이 되고 서로 비슷하게 행동하도록 진화하는 것.

수서 물과 관계가 있거나 물에서 사는 것.

수정체 일부 유형의 동물 눈 안에 있는 투명한 부분으로, 빛이 이 부분을 통과할 때 구부러져 초점을 맞춘다.

스트로마톨라이트 박테리아가 층층이 있고 그 사이사이에 진흙이나 모래층이 끼어 있는 선사시대의 화석. 납작하거나 바윗덩어리 모양을 이룬다.

아가미 어류와 일부 양서류가 물에서 산소를 얻어 낼 때 사용하는 호흡 기관.

아메바 매우 간단한 단세포동물의 일종.

이종 같은 종에 속하지만 그중에서도 생물 유형이 서로 다른 것.

야행성 밤에 활동하는 것.

양서류 개구리나 도마뱀 등과 같이 물속에 알을 낳는 척추동물의 일종.

어룡 물고기와 비슷하게 생긴 선사시대 바다 파충류의 일종.

연체화석 동물 신체의 연한 부분이 썩어 없어지지 않고 보존된 화석.

영장류 원숭이, 침팬지, 인간 등 손과 발이 유연하고 시력이 좋으며 몸에 털이 많은 포유류의 일종.

외골격 곤충이나 게 등 동물에게서 볼 수 있는 딱딱한 몸 껍질.

용각류 몸집이 매우 큰 네발공룡으로, 목과 꼬리가 긴 초식공룡을 통틀어 가리키는 이름.

원핵생물 세포 안에 핵막이 없어 세포핵이 따로 형태를 갖추지 않은 단세포생물.

위장 주위와 어울려 생물이 숨기 쉽게 해주는 몸의 모양이나 색, 무늬.

유대류 어미의 배에 있는 주머니 안에서 새끼를 기르는 포유류의 일종.

유인원 고릴라, 침팬지, 오랑우탄, 긴팔원숭이, 사람이 포함되는 영장류의 일종.

유전자 DNA 가닥에 일정한 순서에 따라 늘어서 있는 화학물질로, 세포가 수행할 명령을 적어 둔 설명서 역할을 한다.

유전체 특정 생물 또는 종이 가지고 있는 유전자를 포함한 모든 유전 정보를 뜻하는 말로 게놈이라고도 한다.

육기어류 지느러미가 살로 이루어진 어류.

익룡 피부가 늘어나 만들어진 날개로 하늘을 날아다닌 선사시대 파충류의 일종.

자연보호 생물 종과 자연 서식지를 보호하고 보존하려는 노력.

자연선택 자연환경에 더 잘 적응한 생물이 자연적으로 '선택'되어 남들보다 오래 살면서 더 많이 생식하는 것.

자연학자 자연과 생물을 연구하는 사람.

자포동물 해파리와 같이 먹이를 잡고 포식자를 막기 위한 자포(쏘는 세포)가 있는 동물.

적응 환경이나 조건이 익숙하지 않거나 바뀔 때 거기 맞춰 변화하는 것.

종 낱말 두 개로 이루어진 학명이 부여된 생물의 특정 유형. 대개는 같은 종끼리만 생식한다.

지질시대 지구와 지구에 있는 암석과 생물의 역사 전체를 통틀어 바라보는 시간 척도.

지층 오랜 세월에 걸쳐 층층이 쌓인 암석층. 가장 밑에 있는 지층이 가장 오래된 것이다.

진화 생물이 여러 세대에 걸쳐 조금씩 변화해 가는 과정.

척추동물 등뼈가 있는 동물.

친족선택 생물 개체가 아니라 군체나 집단 차원에서 일어나는 자연선택.

태반 포유류 태반이라는 기관을 이용하여 어미의 몸속에서 새끼를 길러 낳는 포유류.

파충류 대개 비늘이 있고 공기를 숨 쉬며 알을 낳는 척추동물의 일종.

포식자 다른 동물을 잡아먹는 동물.

포유류 어미 몸에서 나오는 젖으로 새끼를 기르는 척추동물의 일종.

표본 연구를 위해 야생에서 채집하는 생물 유형의 견본.

품종개량 가장 쓸모 있는 동식물을 골라 사육하고 기름으로써 시간이 가면서 진화하게 만드는 것.

호박화석 나뭇진이 굳어 화석이 될 때 그 안에 보존된 화석.

화석 선사시대 생물의 유해나 흔적이 암석 안에 보존된 것.

화석 기록 이제까지 발견된 화석과 그것들이 발견된 암석층 등을 따져 각각의 화석 나이를 알 수 있는 것.

DNA 세포 안에서 세포의 작동을 위한 정보를 담고 있는 화학물질.

K-T 대량 멸종 커다란 소행성이 지구로 날아와 부딪치면서 공룡을 비롯한 지구 생명체의 80퍼센트가 멸종한 사건.

찾아보기

ㄱ

갈라파고스 제도 12, 19, 21
개 23, 48, 51, 62~63, 69
개구리 18, 47, 69, 73
거북 12, 21, 48, 69, 73
겉질(뇌) 65
게놈 (참조) 유전체
겹눈 33, 56
경쟁 15, 20
고래 7, 10, 37, 39, 53, 65, 69, 75
고생대 28~29
고생물학자 31, 42
고양이 15, 45, 46, 51, 52
곤충 10, 14, 27, 29~30, 34, 37, 58, 60~61, 68
공룡 8, 21, 27, 29~31, 36~38, 58~59, 69
공진화 22~23, 60, 61
광수용체 56, 57
광합성 68
균류 52, 68, 71
기생생물 70
기생충 46
기후 변화 20
깃털 22, 52, 59, 69
꽃가루받이 60~61
꽃꿀 60~61
꽃피는 식물 10, 60, 61
꿀벌 22, 60~61

ㄴ

나방 61, 66
날개 49, 55, 58~59
날개 손가락 49
네발동물 9, 11, 35
네안데르탈인 41
뇌 40, 41, 43, 47, 64~65
누대(지질시대) 28~29
눈 56~57
늑대 38, 62~63

ㄷ

다윈, 찰스 11~14, 16, 23
　다윈의 핀치새 19
　'생명 나무' 그림 50~51
　《종의 기원》 14, 18, 46
단공류(알을 낳는 포유류) 75
단궁류 9

단백질 16~17, 65
단세포생물 9, 27, 29, 32, 34, 46, 51, 56, 68, 70
대(지질시대) 28~29
더운피동물 69
데본기 28~29
도구 사용 41, 64, 65
돌고래 7, 39, 53, 69
돌연변이 17, 72
동식물 기르기 23, 67

ㄹ

라임레지스, 영국 12, 31
라틴어 이름 52~53
루시(사람족 화석) 42~43
린네, 칼 폰 52

ㅁ

마다가스카르 18, 75
말(동물) 50
말라리아 67, 70
말레이 제도 13
머리뼈 42~43, 47, 65
멸종 20~21, 50
멸종 위기종 21
명왕누대 28~29
모든 생물의 공통 조상 46
무악류 9
무척추동물 49, 68, 71
문어 10, 20, 30, 49, 53, 55, 56, 71
물속 생물 33, 39
미생물 68, 70 (참조) 박테리아, 단세포생물

ㅂ

박쥐 10~11, 38, 49, 58~59, 61, 75
박테리아 10, 16, 32, 34, 51, 52, 68, 70
백악기 28~29, 37
병균 68
북아메리카 24, 25, 31, 71
분류 52~53
분화 19
브로카 영역(뇌) 65
비글호(배) 12
비행 58~59
뼈대 42, 43, 47, 48, 69

ㅅ

사냥 20~21, 41, 62~65
사냥-채집꾼 41
사람족 40~41, 42~43
삼엽충 11, 30, 33
새(조류) 8, 10, 14, 22, 29, 37, 48, 49, 51, 52, 58~59, 69, 74
생명 나무 50~53
생식
　다른 종 사이의 생식 18
　생식과 DNA 46
　생식과 식물 60~61
　생식과 유전자 17
　생식과 자연선택 15
　생식과 짝짓기 상대 선택 22
　생식과 품종개량 23
생태계 25
생태적 자리 25
서식지 24~25
　파괴 20, 21
석탄기 28~29
성선택 22, 72, 74
세포 16~17, 32, 46, 60
소행성 충돌 21, 32, 33, 37, 38
손 48~49
수각류 58
수렴진화 24~25, 39, 75
수정체 56
스트로마톨라이트 32
시대 28~29
시생누대 28~29
식물 10, 20, 29~30, 34, 45, 52, 57, 60~61, 68, 70
신생대 28~29
실루리아기 28~29

ㅇ

아가미 35, 58, 69
아르키케부스 40
아마존 우림지대 13
아종 18
아프리카 41, 42
암모나이트 20
암석 29
　지층 31
애닝, 메리 12

양서류 29, 35, 36, 69, 73
어룡 39
어류 7, 10~11, 27, 30, 35~36,
　39, 47, 51, 69, 72
엄지손가락, 마주 쥐기 48
에티오피아 42, 43
영장류 40
오르도비스기 28~29
오스트랄로피테쿠스 9, 40, 41, 65
오스트랄로피테쿠스 아파렌시스 43
오스트레일리아 11, 13, 24, 25, 73, 74, 75
외골격 34, 68
용각류 37, 47
원생누대 28~29
원숭이 21, 40, 48, 65, 69
원핵생물 9
월리스, 앨프리드 러셀 11, 13, 14, 16, 18
위장 11, 66, 71, 72, 73, 75
유대류 24, 25, 75
유인원 40, 42, 48, 65
유전자 16~17, 52~53, 66~67, 72
　보호 유전자 67
유전적 변이 15
유전체 16, 17
유제류 38
육기어류 11
육식동물 38, 65, 68
이마엽(뇌) 65
익룡 38, 58, 59, 69
인간 7, 9, 10, 27, 29~30, 40~41, 48~49, 51, 55
　뇌 64~65
　눈 56
　손 48
　우리는 지금 진화하고 있을까? 66~67
　유전학 16, 17, 46
　인간과 날기 58
　인간과 늑대 62~63
　인간과 멸종 20
　인간의 영향 21, 66
　(참조) 호모 사피엔스

ㅈ
자연보호 21
자연선택 13~15, 19, 22~23, 65, 67
자포동물 9
잠자리 8, 55, 56

잡종 18
적응 55~67
젖당분해효소 67
제3기 28~29
제4기 28~29
종 18, 46, 51~53
　가까운 친척 53
　라틴어 이름 52~53
　분류 52~53
　새로운 종 18~19
　정의 18
중생대 28~29
쥐라기 28~29, 37
지구
　역사 27, 28~29
　(참조) 지구의 생물체
지구의 생물체
　기원 9, 32~35, 68
　다양성 10~11, 15
　땅 위 생물 34~35
　물속 생물 33, 39
　서로 친척 관계 45
지렁이 68
지배파충류 36
지질시대표 28~29
진화
　정의 4~5, 8~9
　진화의 유형 22~23
　우리는 지금 진화하고 있을까? 66~67
　(참조) 자연선택
짝짓기 상대 고르기 22

ㅊ
찬피동물 69
척추동물 47, 48~49, 51, 69
초식동물 38, 68
친족선택 22
침팬지 40~41, 45, 46

ㅋ
카메라 렌즈 56
캄브리아기 28~29, 30, 33
캄브리아기 폭발 29
케이티 (참조) K-T
콜로라도강 19
쿡소니아 20

ㅌ
태반류 24, 25
털매머드 20
트라이아스기 28~29, 37

ㅍ
파충류 10, 29, 36~39, 69, 73
　하늘을 나는 파충류 58~59
파푸아뉴기니 22
페름기 28~29
페름기-트라이아스기 대량 멸종 29
포유류 9, 10, 18, 29, 37~40,
　52, 58~59, 69, 75
품종개량 23
프로콘술 40

ㅎ
해면 9, 33
해파리 7, 33, 68, 71
현생누대 28~29
호모 네안데르탈렌시스 41
호모 사피엔스 9, 18, 41, 65
호모 에렉투스 41
호모 플로레시엔시스 41
호모 하빌리스 41, 64, 65
호모 헤이델베르겐시스 41
호박화석 30
화석 8, 11~12, 20, 27, 29~31
　미생물 32, 34
　발견 31
　사람족 40~41, 42~43
　생흔화석 30
　연체화석 30
　주형화석 30
　형성 30
　호박화석 30
회색가지나방 66

DNA 17, 22, 32, 46, 52~53
　복제 17
　인간 17, 46
K-T 대량 멸종 21, 29, 37, 59

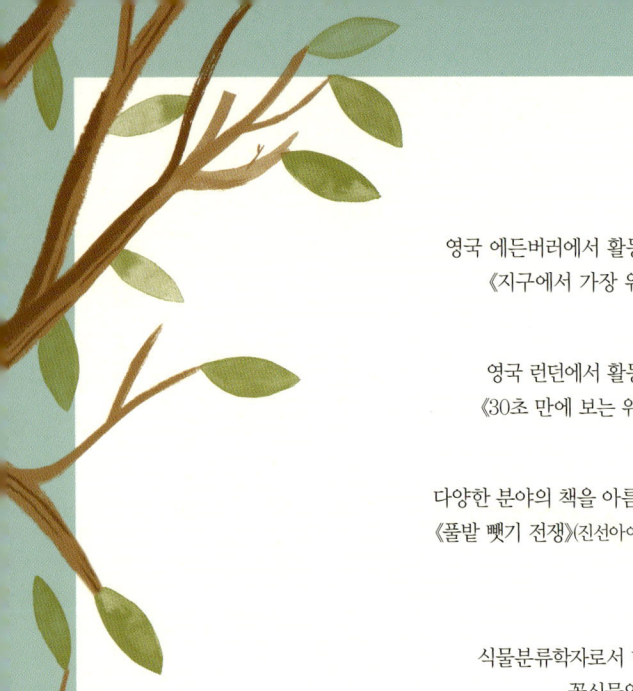

애나 클레이본 글
영국 에든버러에서 활동하는 아동도서 작가. 《참 신기한 변화 이야기》, 《지구 행성 백과사전》, 《지구에서 가장 위험한 것 1백 가지》 등 과학과 자연을 주제로 많은 책을 썼습니다.

웨슬리 로빈스 그림
영국 런던에서 활동하는 삽화가 겸 디자이너. 맥밀런 아동도서 삽화 상을 받았습니다. 《30초 만에 보는 위대한 미술》, 《동물 위장술의 비밀》 등 많은 책의 삽화를 그렸습니다.

권루시안 옮김
다양한 분야의 책을 아름답고 정확한 번역으로 소개하려 노력하고 있습니다. 바두르 오스카르손의 《풀밭 뺏기 전쟁》(진선아이), 앨런 라이트맨의 《아인슈타인의 꿈》(다산책방) 등 많은 책을 옮겼습니다.
홈페이지 www.ultrakasa.com

김상태 교수 한국어판 감수
식물분류학자로서 현재 성신여자대학교 바이오생명공학과에 교수로 재직하고 있습니다. 꽃식물의 분류, 계통, 진화에 대한 약 70여 편의 논문을 썼습니다.

참 쉬운 진화 이야기

1쇄 – 2021년 1월 19일 | 3쇄 – 2022년 6월 1일
글 – 애나 클레이본 | 그림 – 웨슬리 로빈스 | 감수 – 이자벨라 드 그루트 박사 | 옮김 – 권루시안 | 한국어판 감수 – 김상태 교수
발행인 – 허진 | 발행처 – 진선출판사(주) | 편집 – 김경미, 최윤선, 최지혜
디자인 – 고은정, 김은희 | 총무·마케팅 – 유재수, 나미영, 허인화
주소 – 서울시 종로구 삼일대로 457 (경운동 88번지) 수운회관 15층 전화 (02)720–5990 팩스 (02)739–2129
홈페이지 www.jinsun.co.kr 등록 – 1975년 9월 3일 10–92 | ISBN 979-11-90779-22-7 77400

Amazing Evolution: The Journey of Life
ⓒ 2019 Quarto Publishing Plc
First published in the UK in 2019 by Ivy Kids, an imprint of The Quarto Group
All rights reserved.

Korean language edition ⓒ 2021 by Jinsun Publishing Co., Ltd.
Korean translation rights arranged with The Quarto Group
through EntersKorea Co., Ltd., Seoul, Korea.

이 책의 한국어판 저작권은 (주)엔터스코리아를 통한 저작권자와의 독점 계약으로 진선출판사가 소유합니다.
신 저작권법에 의하여 한국 내에서 보호를 받는 저작물이므로 무단전재와 무단복제를 금합니다.